0

Les Visions à l'état d'éveil en Islam :

Éclaircissements sur la possibilité de voir les Prophètes et les Anges à l'état d'éveil

Par L'Imam Suyuti

La communication avec les morts, la résurrection et la mort imminente E.M.I

Écrit par Muhawass Al Yaqiz

ISBN : 9798756820775

Introduction :

Au nom d'Allah le Tout-Miséricordieux le Très-Miséricordieux, le Connaisseur de l'Invisible Absolu.

Que la Grâce et la Paix soient sur notre Maître Mohamed et sur les membres de sa famille et ses Compagnons.

Je me présente rapidement : Muhawass al Yaqiz, je suis un étudiant de 23 ans, j'ai toujours été attiré par le monde Invisible, les manifestations surnaturelles en rapport avec l'Islam.

Étant donné qu'il n'existe très peu d'ouvrages en français sur le thème de la spiritualité, le domaine surnaturel et encore moins en rapport avec l'Invisible, j'ai décidé d'écrire un livre traitant de la vision à l'état d'éveil. Un phénomène très peu connu en Islam à notre époque, mais qui été très connu chez les Compagnons et les anciens savants.

Comment se présente ce livre : d'abord j'ai expliqué qu'est-ce qu'une vision à l'état d'éveil, comment cela se produit. Les preuves tirées du Coran et de la Sunnah, des exemples de visions à l'état d'éveil qui se sont produites chez les salafs salih (les pieux prédécesseurs), puis des visions à l'état d'éveil produites pour des musulmans de notre époque.

Après, j'ai établi les preuves sur la possibilité de voir les Anges, puis les Prophètes à l'état d'éveil. J'ai transmis la fatwa de L'Imam Suyuti qui s'intitule :

« Éclaircissements sur la possibilité de voir le Prophète et les Anges » et la fatwa de l'Imam Ibn Hajar al Haythami sur le même sujet.

Enfin, j'ai inséré une partie complète sur la vie des Prophètes, des awliyas et des martyrs après la mort, la possibilité de communiquer avec les morts pieux et d'entendre leur voix depuis leurs tombes, les visions des morts à l'état d'éveil, et l'expérience de la mort imminente avec des preuves authentiques en Islam.

Chapitre 1 : Qu'est-ce qu'une vision à l'état d'éveil ?

Phénomène très rare, les visions à l'état d'éveil existent en Islam et sont reconnues par les grands savants de la Sunnah. À ne pas confondre avec les hallucinations visuelles qui viennent du shaytane, et de la schizophrénie.

Les visions à l'état d'éveil viennent d'Allah. C'est un don qu'Allah accorde à qui Il veut parmi ses serviteurs. La vision éveillée c'est comme le rêve véridique mais en étant conscient et éveillé. Et certaines visions peuvent s'interpréter.

Dans le hadith Qudsi, on trouve : D'après Abou Hureyrah, le Prophète Mohamed aleyhi salat wassalam a dit : « Allah a dit : « Celui qui montre de l'hostilité, quand bien même ce serait pour Moi, à l'un de Mes bien-aimés, Je lui déclarerai la guerre. Mon serviteur ne s'approche pas de Moi par une chose que J'aime, comme il le fait avec ce que Je lui ai prescrit. Et Mon serviteur ne cessera de se rapprocher de Moi par les actes surérogatoires jusqu'à ce que Je l'aime ; ... sa vue avec laquelle il voit... » (Bukhari)

C'est-à-dire l'allié d'Allah qui voit par des visions à l'état d'éveil et par la firassa (la perspicacité du croyant qui voit par la Lumière d'Allah). On verra l'explication à propos de la firassa par la suite.

Le Prophète Mohamed aleyhi salat wassalam faisait des visions à l'état d'éveil : « Voyez-vous ce que je vois ? Je vois les troubles (fitân) tomber dans vos maisons comme la pluie. » (Bukhari et Muslim)

Ibn Hajar rapporte que Al Halimi a dit : « La vision à l'état d'éveil, c'est-à-dire voir des choses absentes comme si elles étaient devant lui, comme quand le Prophète vit l'image de Jérusalem le lendemain du voyage nocturne est une des 46 parties de la prophétie. »[1]

C'est l'une des meilleures citations que j'ai trouvées, qui donne une très bonne définition des visions à l'état d'éveil.

Tout d'abord il faut savoir que les Prophètes, les awliyas ainsi que les gens de la firassa ont beaucoup de visions. La vision à l'état d'éveil est une des 46 parties de la prophétie.

Par rapport aux visions éveillées, tous les grands savants en parlent, ils ont dit que les visions font parties de la firassa. Mais on entend certains Raquis (ceux qui proposent des services d'exorcisme musulman) dirent des absurdités, ils disent que les visions sont l'œuvre des shayatines donc c'est comme s'ils disaient inconsciemment que Allah est un diable ! Qu'Allah nous préserve de ce genre de pensées. Ils n'ont pas de science à ce sujet et mélangent tout et n'importe quoi.

Il y'a certains musulmans qui ont la firassa, c'est-à-dire le croyant qui voit par la Lumière d'Allah ayant la firassa et les visions par rapport aux Nour (Lumière).

---

[1] Al Minhaju fi chuhabi, Al Qunawi, Fathu al bari, vol 12 p 362-365

Omar Ibn al Khattab avait une vision sur son armée et il cria " Sariya, Sariya " ; son armée à des milliers de km se réfugia dans la montagne.

Juste pour information, certains awliyas (alliés/amis d'Allah) ont déjà vu le Prophète à l'état d'éveil. Il y a même un hadith qui dit que celui qui a vu le Prophète en rêve le verra en vision à l'état d'éveil. C'est ce que l'on verra plus loin dans la fatwa de l'imam Suyuti.

Et il ne faut pas confondre avec la voyance : les voyants ne voient rien, ce sont des menteurs, des charlatans, ils font du hasard et du shirk (donner des associés à Allah). Ils ne peuvent pas voir avec la Lumière d'Allah donc n'ont aucune vision sans oublier que les djinns rapportent une parole de vérité en mettant 100 mensonges dessus. Le croyant véridique, pieux ainsi que les awliyas voient par la Lumière d'Allah. Les voyants et les sorciers ne voient rien du tout ! Ils sont trompés par leurs djinns.

Chapitre 2 : Comment se produit la vision à l'état d'éveil ?

C'est comme si la scène était devant toi et que tu vois avec tes yeux ce que les autres ne pourront pas voir. C'est voir des choses absentes comme si elles étaient devant lui. La vision à l'état d'éveil en Islam se produit comme ceci : tu vois des images ou quelques choses en face de toi et après cela disparaît. Certaines visions se réalisent, je connais certains musulmans qui ont cela et ils sont véridiques. Rien avoir avec la voyance, les voyants ne voient rien du tout ce sont des charlatans qui ne peuvent pas voir par la Lumière d'Allah.

Je vais voir quelque chose ou une scène en vision se produire, j'avais déjà eu une vision début novembre 2019 que des policiers allaient se faire encercler et frapper par des jeunes de cités, et une semaine après j'apprends aux informations que cela s'est réalisé dans les quartiers du 78. Un an après, des jeunes de cité ont encerclé un commissariat à Champigny en Octobre 2020, ils l'ont attaqué, cet événement a fait la une dans les journaux.

Ou alors, tu es dans ta chambre tout en ayant les yeux ouverts et tu vois une personne en train de faire des dou'as (invocations) alors que tu n'es pas avec cette personne. Puis la vision disparaît. Celui qui voit et observe par la Lumière d'Allah, Dieu lui dévoile beaucoup de choses parmi son ghayeb (Invisible) que les autres ne pourront pas voir.

Vu que les visions éveillées peuvent aussi être interprétées comme un rêve, il faut savoir que les visions, les rêves et leurs interprétations peuvent dévoiler et montrer beaucoup de choses de l'Invisible.

Par exemple, elle peut montrer des secrets sur les gens, une bonne action, un péché que la personne a commis, une récompense, un bienfait, un avertissement contre une personne ou sur nous-même ou sur une grande affaire dans un pays, une bonne nouvelle, un châtiment, une grande épreuve qui va se produire concernant la Oummah, etc... On peut aussi connaître la date d'un événement qui va se réaliser c'est-à-dire l'année et même le nombre de jours. Il est plus rare qu'une vision s'interprète, mais c'est possible, elle est moins fréquente que les rêves.

On verra avec quelques exemples par la suite pour mieux comprendre.

Voyons la parole de l'imam Ghazali à propos de certaines visions qui peuvent s'interpréter.

L'imam al Ghazali a dit : « Quand le Prophète Mohamed (aleyhi salat wassalam) dit : « J'ai vu Abdur-Rahmane ben'Aouf entrer au Paradis en rampant sur ses mains et pieds » ; ne crois pas qu'il ne l'ait pas vu au moyen de la vue, mais l'a vu en état d'éveil, comme le dormeur le voit en rêve. Et si 'Abdur Rahmane ben'Aouf était endormi chez lui, personnellement ; le sommeil a une influence sur de telles visions, car il contraint la puissance des sens de s'éloigner de la lumière intime et divine ; les sens occupent et attirent vers le monde sensible et éloignent du monde Invisible des cieux.

Et quelques lumières prophétiques pourraient être claires et dominantes de sorte que les sens ne peuvent pas l'attirer à leur monde, sans le préoccuper, où il voit à l'éveil ce que l'autre voit en rêve ; mais s'il était à l'état de perfection complète, sa perception ne s'arrêtera pas à l'image vue seulement ! Mais il la traversera pour arriver au secret qui lui sera découvert ; et que la foi attire vers le monde supérieur qui veut dire le Paradis. La richesse et la fortune attirent les gens vers la vie présente qui est le monde inférieur.

C'est ainsi que les secrets se dévoilent derrière les vitres de l'imagination ; et cela n'est plus loin de l'état de 'Abdur-Rahmane, même si sa vue était limitée à lui ; mais cela aura lieu pour tous ceux qui ont une forte firassa et une foi ferme et une grande fortune telle que la foi ; mais ils ne le résistent pas, à cause de la suprématie de la force de la foi.

Cela te fera connaître la manière avec laquelle les

Prophètes voient les images ; et les significations après les images. Et souvent, la signification précède la vision intime, ensuite elle règne sur l'esprit imaginaire, où s'imprime l'image parallèle à la signification qui lui est similaire ; cette part de la révélation en éveil a besoin de l'interprétation, comme le rêve du dormeur a besoin de l'explication.

En effet, cette part pendant le sommeil à un rapport des cas prophétiques d'un quarante-sixième ; de même, la vision en éveil a un rapport plus grand, de sorte que je pense que c'est un tiers ; et ce qui nous est découvert et les caractéristiques prophétiques ont plusieurs branches accumulées sous trois sortes, et cela est une de ces trois sortes. »[2]

---

[2] Recueils des missives, chapitre la niche des lumières, p506-507

Chapitre 3 : Paroles des savants sur les visions à l'état d'éveil

Maintenant, voici la parole de nombreux savants, sur les visions à l'état d'éveil.

L'imam Suyuti rapporte que El-Yâfi'ï a dit : « La vision des morts dans le bien ou le mal est une forme de dévoilement qu'Allah accorde par annonce de bonne nouvelle ou à titre de mise en garde ou bien par avantage pour le mort soit pour lui transmettre un bien, lui acquitter une dette ou autre. Cette vision peut avoir lieu à l'état de sommeil, ce qui arrive le plus souvent, ou bien à l'état d'éveil, ce qui fait partie des prodiges des saints, ceux qui possèdent des états spirituels ».[3]

Al Ghazali a dit : « La clarté qui en résulte est suivie de visions et de dévoilements qui caractérisent le but extrême des amoureux d'Allah et l'objet de leurs espérances. »[4]

Ibn Tayymiyah a dit : « Et toutes les fois où la foi se renforce dans le cœur, se renforce à lui le dévoilement des choses. Il connaît ainsi leurs vérités par rapport à leurs faussetés. Et toutes les fois où faiblit la foi dans le cœur, faiblit le dévoilement. Et ce type de prodige peut s'illustrer comme suit : le serviteur entend ce que nul autre que lui n'entend, voit ce que nul autre que lui ne voit éveillé ou endormi (en rêves), sait ce que nul autre que lui ne sait par révélation et inspiration ou par descente d'une science

---

[3] La mort et la vie tombale , p214

[4] Ihya Ulum Ad-Dine, chapitre les merveilles du cœur

nécessaire (Interprétation des rêves, science de la fin des temps), ou firassa véridique. Ces Prodiges se nomment dévoilement (kashf) , et contemplation (mushahada), dévoilements (mukachahates). L'audition (sama'), ce sont des entretiens, la vision (Ro'yia) des contemplations, le savoir un dévoilement (mukashafa). Tout ceci se nomme kashf et mukashfa, c'est-à-dire que pour le serviteur, la chose est dévoilée ».[5]

Ibn Tayymiyah a dit : « Il est dit qu'après le sceau de la prophétie, la révélation ne descend pas sur 1 autre. Pourquoi pas ? En fait, elle descend mais alors ce n'est pas appelée révélation mais une inspiration divine (ilham). C'est ce que le Prophète a mentionné quand il a dit : « Méfiez-vous de la Firassa du croyant car il voit par la Lumière D'Allah » (Tirmidhi). Quand le croyant voit par la Lumière d'Allah, il voit toutes les choses : Le présent et l'absent (caché). Comment une chose peut-elle être cachée de la Lumière d'Allah ? Donc la signification de la révélation existe même si elle n'est pas appelée révélation. »[6]

L'imam Suyuti a dit : « Les Gens des Etats (arbâb al-ahwâl) connaissent et voient ce qui n'est pas visible et entendent ce qui n'est pas audible. Les Compagnons sont les maîtres des Gens des Etats (arbâb al-ahwâl) ».[7]

---

[5] Majmou al fatawa, vol 11 p313

[6] Majmou al fatawa, vol 11 p313

[7] Ce récit se trouve plus loin dans la fatwa de Suyuti

Ces 2 citations se ressemblent beaucoup, ici Ibn Tayymiyah et Suyuti expliquent les types de révélation qui permettent à certains serviteurs pieux de connaître des choses de l'Invisible qu'Allah peut leur dévoiler.

Al Ghazali a dit : « Dès le début, c'est le commencement des révélations et des visions, en état d'éveil, les arifin (les connaisseurs d'Allah) voient les Anges et les esprits des Prophètes, ils entendent leurs voix et profitent de leurs conseils. Ensuite, l'état le plus transcendant paraîtra dans la vision des images jusqu'à un degré que la prononciation soit existante. »[8]

Ibn al Qayyim rapporte que le Sheykh al islam Abdullah Al Ansari a dit : le troisième degré du discernement, c'est un discernement qui fait jaillir la connaissance spirituelle, consolide l'allusion spirituelle et fait implanter le don de la vision. Selon Mujahid il s'agit de gens doués de vision.

Ibn al Qayyim a dit : « La bassirah a comme sens une lumière qu'Allah jette dans le cœur. Il voit par elle la réalité de ce que les Prophètes ont annoncé, comme s'il les voyait à l'œil nu. »[9]

Ibn al-Qayyim a dit : « Allah fait l'éloge des gens de la firassa et les complimente en disant : « Voilà vraiment des preuves pour ceux qui savent observer ! » (Sourate 15 V75) Ibn Abbâs, qu'Allah soit satisfait de lui, et d'autres interprétèrent « ceux qui savent observer » comme les gens clairvoyants doués de la perspicacité. La firassa sincère provient d'un cœur qui s'est purifié de toute

---

[8] Al Munquid min Adalal, recueils des missives, chap Ce qui sauve de l'égarement, p52
[9] Madarij Salakin, chap du discernement, édition française

impureté, s'est rapproché d'Allah. Cette personne voit à travers la lumière qu'Allah a mise dans son cœur. Abû Sa'îd a rapporté que le Prophète aleyhi salat wasalam a dit : « Craignez la Firassa du croyant car il voit à l'aide de la lumière d'Allah. » (Al-Tirmidhî). Cette firassa provient de la proximité de la personne avec Allah. En effet, lorsque le cœur se rapproche d'Allah, il est coupé des mauvaises choses qui empêchent de connaître la vérité et de la comprendre. Cette vérité est alors révélée à la personne par Allah en fonction de la proximité de la personne de la lumière d'Allah qui lui procure un éclairage à travers lequel la personne voit des choses qui ne peuvent être vues par une personne éloignée d'Allah, exalté soit-Il, ou dont le cœur est voilé. »[10]

Attention : Albani a contredit les récits authentiques sur le fait qu'Allah a dévoilé Sariya et l'armée de Omar en vision à l'état d'éveil depuis le Minbar, alors que même Ibn Al Qayyim a rapporté le athar et parla bien de vision éveillée, de même de ce qui est rapporté par Tirmidhi dans khatm awliyas. Albani a dit que Omar n'a pas vu son armée en vision éveillée et que ceci est un délire des soufis alors que le consensus rapporte que c'est bien en vision éveillée que Omar a vu son armée en Perse depuis Médine à des milliers de km. Nous verrons plus loin la parole de 2 savants salafis qui confirment les visions à l'état d'éveil.

Ibn al Qayyim a dit : « Omar vit Sariya à Nahavand en Perse en compagnie de l'armée musulmane en train de combattre leurs ennemis. Il l'appela alors en disant : « Ô Sariya, la montagne (...) » Telle est la firassa : une lumière

---

[10] Kitab Ar-Rouh , vol1 p237-238

qu'Allah envoie dans le cœur et par le biais de laquelle il inspire quelque chose que la personne voit alors que les autres ne la voient pas. »[11]

Ibn al Qayyim a dit : « Lorsque le cœur est submergé par la lumière, alors elle déborde aux quatre coins et accourt du cœur jusqu'aux yeux, est dévoilé alors à la vue des yeux, à la mesure de cette lumière. Le Prophète (que la prière et la paix d'Allah soient sur lui) voyait ses compagnons durant la prière alors qu'il se trouvait derrière lui et tout aussi bien qu'il les voyait lorsqu'ils étaient devant lui comme cela est rapporté par Boukhari, Mouslim et autres. Il a vu le temple de Jérusalem de visu alors qu'il se trouvait à La Mecque. Il a vu les palais du Cham (Syrie), il a vu ses émirs durant la bataille de Mouata alors qu'il se trouvait à Médine. Omar a vu son escadron militaire qui se trouvait à Nahwand en Perse, à combattre les ennemis et il leur cria : « Ô escadron, montez sur la montagne. »[12]

L'Imam Tirmidhi a dit : « Au sujet de ceux qui dénigrent et nient les états des awliyas, il s'agit de celui qui renie cette possibilité dont il ne connaît que le nom et il ignore l'influence d'Allah sur les cœurs, il ne considère les dénominations sans connaître que la réalité que le nom désigne, ni l'action qu'il exerce sur les cœurs, sinon il ne manifesterait pas une telle opposition. Ils disent sagesse, sagesse, firassa, firassa, inspiration, inspiration, ce ne sont pour eux que des expressions vidées de leurs réalités.

---

[11] Kitab Ar-Rouh , vol 1 p237-238

[12] Kitab Ar-Rouh , vol 1 p237-238

Observe les questions qu'ils posent telles que : quelle est la différence entre la suggestion satanique et l'inspiration ? Je me demande s'ils savent comment se produit l'inspiration, comment elle s'effectue et quels sont ses aspects ? Ou comment et quand advient-elle ? Ils ignorent les conditions l'inspiration.

Il est dit du pouvoir de l'inspiration ce qui nous est rapporté au sujet de Omar Ibn al-Khattab, qui soudain s'exprima sous inspiration alors qu'il était en chaire (al-minbar) Ô Sariya ! la montagne ». L'armée entendit ses paroles alors qu'ils se trouvaient en un lieu distant d'un mois de marche, comme cela a été transmis. L'armée se réfugia sur la montagne et fut du fait de cet appel aidé par Allah. L'entretien des Gens de cette catégorie est constitué de ce qui se passe entre eux et Allah.

Lorsqu'ils parviennent aux choses du Ghayeb (l'Invisible), l'information leur est communiquée avec des scintillements de lumière. Si le processus de communication n'était pas empreint de miséricorde, les montagnes s'écrouleraient sous le poids de la fabuleuse autorité qui accompagne cette communication. La capacité des Gens de l'entretien à lire les signes extérieurs par la firassa s'effectue par la lumière parfaite d'Allah et alors leur vue pénètre les aspects incréés. Tout cela était réalisé par Omar qui fut inspiré au point de voir en état d'éveil son armée et d'appeler - Ô Sariya la montagne - qui était éloigné d'un mois de marche. Omar examina également selon la Firassa, Al Achtar qui venait de pénétrer chez lui, cela fut transmis par Ya qûb Ibn Shaïbah qui raconta : « Nous entrâmes chez Omar Ibn al-Khattab avec une délégation des Mudhhij. Il nous regarda tous, et quand il arriva à Mâlik al-Achtar, il le dévisagea de haut en bas puis dit : qui est-il ? C'est Mâlik Ibn al-Harith. Qu'Allah le fasse mourir, car je vois que par lui, un jour, s'abattra un grand malheur sur les musulmans.

Ceci est une grande infamie chez les gens intelligents, ceci démontre que leur sincérité est teintée de basse jalousie et d'injustices, leur cœur est plein d'amour pour ce bas monde, leur poitrine pleine d'orgueil, ils ne supportent pas de se trouver sous l'autorité d'un autre, ils recherchent les grâces d'Allah mais paradoxalement les repoussent. »[13]

Al-Albani a dit à propos du cas d'Omar ibn al-Khattab : « Il n'y a aucun doute que l'appel lancé par Omar lui avait été inspiré par Allah, le Très Haut. Ceci n'est point étonnant quand on sait qu'il était un inspiré selon un hadith sûr rapporté du Prophète (bénédiction et salut soient sur lui). Mais le hadith n'indique pas que la situation de l'armée avait été dévoilée à Omar et qu'il l'avait vue de ses yeux. Aussi rien n'est plus faux que l'argument que les soufis tentent de tirer de ce cas pour prouver le dévoilement qu'ils croient recevoir et qui leur permettrait de connaître les secrets des cœurs. Comment pourrait-il en être ainsi étant donné que cette connaissance est un attribut du Maître des univers, le seul à connaître l'Invisible et les secrets des poitrines (profondes). Plût à Dieu que j'eusse su comment ces gens-là entretiennent cette fausse prétention malgré ces propos d'Allah dans Son livre :

---

[13] Khatm al Awliyas , p171-172

(C'est Lui) qui connaît l'Invisible. Il ne dévoile Son Invisible à personne, sauf à celui qu'Il agrée comme Messager et qu'Il fait précéder et suivre de gardiens vigilants, (Sourate 72 V26-27). Croient-ils que les alliés d'Allah sont des Messagers et que par conséquent, il est correct de dire qu'ils connaissent l'Invisible grâce à une intervention d'Allah ? Gloire à Toi ! C'est une énorme calomnie !

L'histoire est authentique et vérifiée. Elle implique un prodige dont Allah a honoré Omar et qui a permis de sauver l'armée musulmane de la capture ou du massacre. Mais elle ne contient rien qui confirme les prétentions-soufis portant sur la connaissance de l'Invisible. Ce qui se dégage de l'histoire relève du chapitre de l'inspiration (telle qu'acceptée par la loi religieuse) ou de ce qu'on appelle télépathie à notre époque. Celle-ci n'est pas infaillible ; car elle peut véhiculer une erreur comme cela arrive à la plupart des humains. C'est pourquoi l'allié d'Allah (le saint) doit se conformer à loi religieuse dans tout ce qu'il fait ou dit afin de ne pas commettre une violation (de la loi) qui l'exclurait du cercle de la sainteté dont Allah a fait une description générale en ces termes : en vérité, les bien-aimés d'Allah seront à l'abri de toute crainte, et ils ne seront point affligés, ceux qui croient et qui craignent (Allah). (Sourate 10 V62-63)

A certes bien fait celui qui a dit : « Si vous voyez quelqu'un voler, ou marcher sur la surface de la mer mais ne se conforme pas aux limites tracées par la loi religieuse sachez qu'il est un innovateur attiré progressivement vers un piège »[14]

Concernant la parole de Albani, Il est vrai que certains soufis égarés se sont écartés de la Sunnah en ayant prétendu connaître l'Invisible de manière manifeste mais ceci ne représente pas la majorité des soufis. De plus, Allah peut dévoiler une partie de son Invisible à qui Il veut parmi ses serviteurs que cela soit par un rêve, une inspiration divine (al Ilham), la perspicacité miraculeuse (la firassa), l'inspiration sonore (ta'lim) et les visions à l'état d'éveil. On a vu en haut l'explication de L'imam Tirmidhi sur la possibilité que Allah peut dévoiler l'Invisible à certains de ses serviteurs. On voit que Albani ne nie pas le fait que l'inspiration sonore existe et qu'elle peut être un prodige, et que ceci ne vient pas du shaytane.

D'ailleurs Albani lui-même cite une parole provenant d'un grand soufis Abu Yazid al Bistami, sans le savoir reconnu par tous les gens de ahlul sunna, Ibn Al Jawzi a dédié un chapitre pour lui dans Sifat-as-Safwah, la parole de Abu Yazid a été rapporté par Le grand maître des soufis Al Qushayri dans son épître du soufisme al rissalat al Qushayria vol 1 p 90, édition française. À propos des prodiges, chez les gens de Ahlul Sunna, il faut regarder l'état et la croyance puis la piété de la personne lorsqu'on on voit un événement surnaturel provenant de lui, afin de savoir s'il fait partie des awliyas (Alliés amis d'Allah) ou s'il s'agit d'un allié du shaytan, comme les sorciers, les illusionnistes les charlatans et faux prophètes, etc... Sinon pour le reste des explications, Albani a juste. Plus loin nous

---

[14] As-silsila as-sahiha, vol 3 p102-104

verrons 2 paroles de savants salafis qui approuvent les visions à l'état d'éveil.

Ibn al Qayyim dit : « L'auteur des « Manazil » ('Abdullah al Ansari el Harawy) a dit : La Firassa c'est "le fait de côtoyer (isti'nas) le jugement [du monde] de l'Invisible. " Ce terme isti'nas est le verbe transitif de la phrase dont le sens : côtoyer de telle manière une personne une fois vue. En conséquence, celui qui atteint cet état (isti'nas), le jugement de l'Invisible devient de la firassa, et si cela passe par la vision, cela se traduit par la vision (en rou'ya) et si cela passe par les autres sens, cela sera en fonction. »[15]

« Il y a des milliers d'années, les arabes étaient connus de toutes les civilisations pour l'utilisation de la firassa dans leur vie, ils lisaient sur le visage des gens comme s'ils lisaient sur un livre ouvert, ils savaient des détails précis sur eux, le degré de leur courage ou leur lâcheté, ce qu'ils veulent, etc… ».[16]

Voici donc les récits en question à propos du grand prodige de Omar et sa vision en état d'éveil.

Dans une variante rapportée également par Abû Nu`aym, 'Abd ar-Rahmân Ibn 'Awf s'introduisit chez Omar qui d'ailleurs lui faisait beaucoup confiance, et déclara :

« Je t'en veux d'avoir prêté devant les musulmans ton flanc à la critique : tandis que tu disais ton sermon, tu as crié : « Ô Sariya ! La montagne ! » Qu'est-ce qui t'est arrivé ? »

---

[15] Madarij Salikine, chapitre 2 page 459, manzilat el firassa

[16] ilm firassat el wajh, p12

Omar répondit : « Par Dieu ! C'était parti tout seul. Je les voyais combattre au pied d'une montagne, et ils étaient cernés par l'avant et par l'arrière. Je n'avais pu me retenir d'avertir : « Ô Sariya ! La montagne ! » dans l'espoir peut-être qu'ils s'y réfugieraient. » Il a fallu que l'envoyé de Sariya revînt avec sa lettre qui finit par tirer les choses au clair : « Les ennemis nous rattrapèrent le vendredi, dit la lettre de Sariya, et nous les combattîmes depuis la prière de l'aube jusqu'au moment de la prière du vendredi. Le soleil dépassa le zénith et nous entendîmes une voix clamer à 2 reprises :

« Ô Sariya! La montagne ! » Nous nous y repliâmes d'où nous continuâmes à dominer nos ennemis jusqu'à ce que Dieu les mît en déroute. » Ceux qui avaient critiqué Omar s'écrièrent alors : « Laissez faire cet homme ; les choses lui sont facilitées (par la volonté de Dieu). »[17]

Dans une autre variante rapportée par al-Waqidî d'après Zayd Ibn Abî Aslam et Ya'qûb Ibn Zayd, on interrogea Omar Ibn al-Khattab : « Que signifient ces paroles-là ? » Il répondit : « Par Dieu ! Ces paroles m'ont été inspirées et ma langue les a proférées. »[18]

L'imam Suyuti a dit : « Beaucoup des maîtres des sciences religieuses s'accordent à considérer que les prodiges dont bénéficient les awliyas consistent entre autres à voir le Prophète aleyhi salat wassalam, à le rencontrer dans l'état d'éveil en vision, à recevoir de lui la part qui lui est allouée en matières de connaissance spirituel et de dons. Parmi les

---

[17] Dalâ'il an-Nubuwwa (211) - par la voie de 'Amr Ibn al-Harith

[18] Rapporté par Ibn Kathir dans Al Bidaya wanihaya vol 7 p131

chefs de l'école chafihite qui l'ont prôné, Ghazali, Sharfiddin al Barizi, Tajj al din al Yafi'i. Parmi les chefs de l'école malikite : Qurtubi , ibn Abi hamza et Ibn al Haj dans son madkhal. »[19]

L'Émir des croyants Ali Ibn Abi Talib a dit : « Lorsque l'homme qui possède la Ma'rifat quitte le bas monde, ni le conducteur ni le témoin véridique ne le trouve dans le Rassemblement de la Résurrection, ni l'Ange Redouan ne le trouve dans le Paradis, ni l'Ange gardien de l'Enfer, Malik, ne le trouve en Enfer. On lui demanda alors : « Où se trouve-t-il ? » Il répondit : « Sur un siège de vérité auprès d'un Roi Tout Puissant. Lorsqu'il quitte sa tombe, il ne dit pas : « Où sont mon épouse et mes enfants ? Ni où sont les Anges Gibril et Mika'il ? Ni où sont le Paradis et la recherche ? Il dit : « Où est mon Bien-aimé et mon Ami. »

« Les yeux des 'Arifin ont des yeux. Qui voient ce que ne voient pas ceux qui regardent. Et des langues qui font en secret des confidences. Qui échappent aux nobles Anges scribes. Et des ailes qui volent sans plumes. Pour se réfugier auprès du Seigneur des mondes. Où ils se nourrissent dans les jardins de la Sainteté. Et s'abreuvent dans les océans. Des envoyés, ce sont des serviteurs qui se dirigent vers Lui Pour Sa proximité et devenir des rapprochés. »[20]

---

[19] Le retour de Issa p147, chap Contact avec le ghayeb

[20] Halatu ahli l -Haqiqati ma'a Allah

L'imam malikite Mohamed Ibn Abi Jamra avait beaucoup de visions sur le Prophète à l'état d'éveil : Il est `Abd Allah ibn Sa`d ibn Abi Jamra al-Andalusi, dont la lignée remonte au grand sahabi Sa`d bin` Ibada al-Ansari, qu'Allah ta'ala soit satisfait de lui. Sa kunya était Abu Muhammad. Né à al-Andalus, il a grandi dans le Deen. Il a mémorisé le Coran à un jeune âge et est devenu compétent dans le hadith sur le Prophète Mohamed (aleyhi salat wassalam).

Il a beaucoup voyagé jusqu'à son installation en Égypte. On a répondu à son doua, et il avait l'habitude de voir le Prophète (aleyhi salat wassalam) souvent lorsqu'il était éveillé. Lorsque les gens en ont entendu parler, ils l'ont désavoué. Après cela, il s'est isolé dans sa maison, jusqu'à sa mort en l'an 675 H. Il est enterré à al-Qurafa au Caire, près du maqam d'Ibn `Ata Allah Al Skandari.

Dans son livre Al-Mara'i al-Hisan, il décrit 70 visions à l'état d'éveil du Prophète qui lui sont venues à l'esprit en écrivant Bahjat al-Nufus, un commentaire abrégé de Sahih al Bukhari.

Certains grands savants wahabites (de la doctrine de Mohammed Ibn Abdel Wahab al Nejdi) du Minhaj salafis ne renient pas les visions à l'état d'éveil.

1) Cheikh Abdurraḥmân al-Qâḍî a dit : « Les connaissances et dévoilements [de l'Invisible] (mukâchafât), les visions éveillées (Mushahada), la perspicacité clairvoyante (firassa), et les inspirations divines (ilhâmât) font partie des Karamates (prodiges) des awliyas. »[21]

2) Le Cheikh al Utheymin a dit : « Les prodiges dans le kashf (le dévoilement de l'Invisible) sont ceux liés à une science et une connaissance. Le Wali obtient une science que nul autre que lui n'acquiert, ou alors, sont portées à sa connaissance des choses de l'Invisible de lui et que lui seul finit par connaître. Ainsi, à Omar ibn Al-Khattab quand il cria Sariya la montagne et son armée entendit son cri à une distance d'un mois de marche. »[22]

Ce qui réfute l'avis de Albani.

---

[21] La croyance islamique simplifiée tirée du coran et de la sunna, p142

[22] Aqidah Al – Wasitiyyah, p184

Paroles des savants sur le fait que les rêves, les visions à l'état d'éveil et leurs interprétations peuvent dévoiler beaucoup de choses de l'Invisible.

Salah ad-Dine as-Safdi : « Shihab ad-Dine al Hanbali, l'interprétateur de rêves. Il est réputé pour ses prodiges dans l'interprétation des rêves. Il informe au rêveur des choses de l'Invisible que le rêve ne montre pas de base, jusqu'à ce que certaines personnes disent de lui que ce sont des karamates (prodiges, dons, bienfaits d'Allah...). D'autres pensaient que c'étaient des inspirations. Les gens disent de lui qu'il était une étoile dans l'interprétation des rêves. Et certains d'entre eux disent que : cela vient d'une force dans l'âme, car il a pu dévoiler au rêveur des informations de l'Invisible passées et futures le concernant ... Et des informations sur la personne dans lesquelles le rêveur était négligent, de sorte que les gens seraient étonnés. »[23]

Un rêve peut montrer un événement du passé, du présent, ou du futur.

L'imam Ibn Hajar rapporte que Ibn Abi Jamrah a dit : « l'interprétation d'un rêve peut concerner le passé, le présent ou le futur ».[24]

---

[23] Al wafi bil wafiyate vol 7 p49

[24] Fathu al bari vol 12 p 394

Anas ibn Malik rapporte que le Prophète Mohamed aleyhi salat wassalam a dit : « La bonne vision pieuse faite par l'homme pieux est la 46° partie de la prophétie ».[25]

Ibn Abdilbarr a dit : « Le rêve est comme la prophétie en ce qu'il inclut des manifestations surnaturelles et la connaissance de l'Invisible, le rêve fait parti de la prophétie car il contient des choses qui sont impossibles dans la réalité, comme le fait de voler et la perception des objets par le cœur. »[26]

Al-Qurtubi a ajouté : « Le rêve fait partie de la prophétie car elle permet de connaître des informations de l'Invisible. »[27]

Ibn Al Qayyim a dit : « Parfois, le rêve véridique montre une bonne action que le rêveur a fait, il lui montre et il l'avertit d'un péché qu'il avait commis ou qu'il était sur le point de faire. Il l'avertit d'un malheur dont les causes sont aggravées ; pour s'opposer à ces raisons avec les causes qui les poussent et d'autres Sagesse et intérêts qu'Allah a fait dans le rêve une bénédiction et une miséricorde, une bienveillance et un rappel pour son serviteur. »[28]

---

[25] Rapporté par L'imam Malik dans son Muwatta, n° 1781, le livre des rêves

[26] Ibn Abd al-Barr dans At-tamhid , vol 1 p585

[27] Al-Jami' al-Ahkam al-Qur'an, Vol 9 p124

[28] Kitab Ar-Rouh vol 1 p33

Muhammad Siddiq Khan a dit : « L'avantage de la vision est qu'elle annonce la bonne nouvelle de ce qui est apportée au croyant, l'avertissement du mal qu'il attend et la connaissance des événements dans le monde avant qu'ils ne se produisent. »[29]

Chawkani a dit : « Il se peut qu'un rêve montre des évènements du futur et que ceux-ci soit véridiques. »[30]

Mohamed Mustafa al Jibaly a dit : « Certaines personnes peuvent voir parfois des rêves qui prédisent des événements futurs ou qui décrivent des questions du ghayeb (Invisible). Les rêves véridiques contiennent des signaux concernant des événements ou d'autres choses qu'Allah a créé ou créera. »[31]

Ad-Dawdi a dit : « Les rêves véridiques peuvent inclure des avertissements aussi bien que des bonnes nouvelles. »[32]

Tirmidhi a dit : « Un rêve véridique montre une vérité qui peut être une bonne nouvelle, une mise en garde ou une réprimande. »[33]

---

[29] Abjad al Ulum vol 2 p141

[30] Fath al Qadir vol 3 p511

[31] Le manuel du rêveur à la lumière de la sunna

[32] Fathu al Bari vol 12 p465

[33] Fathu al Bari vol 12 p465

Chapitre 4 : Exemples de visions à l'état d'éveil chez les salafs

1) Abû Bakr ibn Abyad a dit dans son juz' : « J'ai entendu Abû Al-Hassan Bunânân Al-Hammâl l'ascète dire : M'a rapporté un d'entre nos compagnons dire : « Un homme était à la Mecque connu sous le nom de Ibn Thâbit et quand il sortait de la Mecque vers Médine et durant soixante ans il ne passait le salut au Prophète Mohamed aleyhi salat wasalam sans qu'il ne lui rende. Et quand il eut soixante et quelques années il mettait du temps dans ses tâches ou il avait une raison ». Il dit : « Quand il était assis dans la chambre entre le sommeil et l'éveil, il vit le Prophète Mohamed aleyhi salat wassalam qui lui dit : « Ô Ibn Thabît ! Tu ne nous rends pas visite alors nous te rendons visite ».

2) L'homme des Ansâr qui parla à Gibril

Dans al-Al-Bazzâr et at-Tabarânî rapportent d'après Ibn 'Abbâs que l'Envoyé de Dieu (aleyhi salat wassalam) alla rendre visite à un homme des Anşâr qui était malade. Arrivé devant sa maison, il l'entendit parler. Il demanda la permission d'entrer, il entra mais ne trouva personne chez l'homme. Alors, il dit :

- « Je t'ai entendu parler avec quelqu'un ?

- Ô Envoyé de Dieu ! répondit-il. Je me suis retiré à l'intérieur de cette pièce pour éviter les paroles des gens sur ma fièvre ; cela m'afflige. Puis un homme pénétra chez moi. Jusque-là, je n'ai pas vu, après toi, quelqu'un d'une si agréable compagnie et d'un aussi beau discours. C'est

Gibril. Il est des hommes, parmi vous, qui, s'ils juraient par Dieu, verraient leurs serments acceptés par Lui. »[34]

Nous voyons une preuve de la possibilité de voir les Anges et l'Ange Gibril aleyhi salam, de les entendre et de communiquer avec les Anges sous la forme humaine pour les awliyas.

3) Ibrahim al Khawass voit et parle avec le Prophète Al Khidr

Umar Ibn Sufyan al-Minjî a dit : « Ibrahîm Ibn al-Khawas nous a rendu visite un jour et je lui ai dit : « Raconte-moi la chose la plus étonnante que tu aies vue dans tes voyages ». « Un jour, me dit-il, j'ai rencontré Al Khidr qui m'a demandé de l'accompagner. Mais, j'ai craint qu'il ne remette en cause le secret de ma confiance en Allah en me sentant en sécurité avec lui. Je me suis alors séparé de lui. »[35]

L'imam Tirmidhi a aussi vu le Prophète Al Khidr en vision à l'état d'éveil, cela est rapporté par Farid Al Din Attar dans le mémorial des saints au chapitre de la biographie de Tirmidhi.

Tirmidhi affirma comme prodige pour les Awliyas la possibilité de voir et de converser avec Al Khidr aleyhi salam. Cela est rapporté dans son Khatm al Awliyas.

---

[34] Kashf al-Astâr (3 / h . 2811) - et at-Tabarânî Mu'jam al-Kabir (12 / h . 12321)

[35] Rapporté par Ibn al Jawzi dans Sifat-as-Safwah, p949

J'en ai mis que 3 car nous verrons plusieurs visions à l'état d'éveil des compagnons et des pieux prédécesseurs dans la fatwa de l'Imam Suyuti.

4) La vision d'un saint décédé à l'état de veille.

« Un jour que j'étais dans un état de crispation extrême, je partis rendre visite à la tombe du trésor vertueux saint Sidi Al-Hâjj Al-Shatîbî Al-Zarwali, l'espoir de recevoir de lui des bénédictions susceptibles de dissiper ma contraction. Soudain, il apparut devant moi - Dieu le rendit bénéfique ! - et me dit : Récite-moi un peu de Coran ! » Je le vis à l'état de veille, non de sommeil. Il s'agit assurément d'un maître de grande force spirituelle. C'est pourquoi il s'empressa de me dispenser le remède - Dieu soit satisfait de lui et nous fasse bénéficier de sa bénédiction ! Allez en paix ! »[36]

---

[36] Lettres de Al Darqawi n°222 , p277

Chapitre 5 : Exemples de visions à l'état d'éveil par des musulmans de notre époque

1) Un jour, je me suis réveillé puis j'ai eu une vision qu'un frère allez m'envoyer un message important, j'ai eu un son dans les oreilles, puis j'allume le wifi de mon téléphone et au même moment 8h55, le frère est entrain de m'écrire un message.

2) Une personne me raconte le début d'un rêve puis je vis en vision éveillée son rêve en détail et je lui décris la scène et les objets contenant dans son rêve. La personne confirma tous les éléments.

3) Je parlais par message avec une personne, puis cette personne me voit en vision dans ma chambre en décrivant mon pull la couleur et dit même que je suis debout et tout cela était vrai.

4) Une personne raconte sa vision : « j'étais au téléphone avec un ami qui était en voiture (je pense plutôt camion), il faisait de la route ce jour-là. Il devait faire beaucoup de route et j'ai eu une vision de lui dans son camion ébloui par une lumière sur la route et dans ma vision il était embarrassé par la lumière elle était hyper forte et encore dans ma vision il cherchait ses lunettes de soleil côté passager. Je voulais le prévenir et lui dire attention, il y aura une forte lumière ne panique pas et prends tes lunettes mais je me suis dit il va me prendre pour une folle. Par la suite je l'entends il me dit : « Ah attends ! attends ! truc de fou, y'a une lumière je ne vois rien attends je cherche mes lunettes ».

Toujours la même sœur : j'ai eu 1 vision la nuit, je voyais 1 papillon noir sur moi, je me sentais bloquée.

Je dis : Tu as quelque chose en toi qui te dégoûte vite des hommes. Et tu as beaucoup de difficultés pour attirer quelqu'un afin de te marier dans le halal. Tu n'arrives pas à aimer !

Elle me répond : Comment tu sais ? Parce-que oui juste hier j'étais triste, je n'arrive pas à aimer oui, je n'arrive pas à trouver quelqu'un pour me marier, mon cœur est vide en sentiment. Et un homme avec qui j'envisageais de me marier, je lui ai dit cela et il avait la rage contre moi. Il m'a dit de toute façon tu m'as dit tu es vide de sentiments, et c'est vrai ça , je n'arrive pas à être attirée par un homme pour me marier , du coup après je suis dégoûtée.

Elle demanda le tafsir à un autre interprète de rêve qui lui dit : Tu as un djinn volant qui te tourmente en ce moment. Elle confirma car elle a pleins de waswas en pleine prière.

Les 2 interprétations étaient vraies. Ce qui montre bien qu'un rêve ou une vision peut avoir plusieurs interprétations.

5) Une Sœur raconte une vision : « on était sur l'autoroute, arrive un moment on devait prendre une sortie, j'ai vu en vision éveillée qu'il y a quelque chose de blanc qui allait arriver sur la droite. Je dis à ma sœur, faites attention il y aura quelque chose qui va arriver sur la droite fait gaffe ! Regarde ton rétroviseur droit. A ce moment-là, il y avait

une voiture qui roulait à toute vitesse, et elle a failli nous toucher de peu. »

6) Un frère qui fait beaucoup de visions éveillées raconte :

« J'étais allongé et il y avait une énorme toile d'araignée autour de moi et à travers y avait du nour (Lumière) Genre comme tu as vu le soleil derrière les arbres. Quelque temps après je vois la toile disparue et je vois une énorme araignée prête à bondir sur moi et plus loin y'a du nour et une pierre a été envoyée sur l'araignée et l'a écrasée. »

L'interpréteur de rêve lui dit : « MashAllah c'est une bonne vision, la pierre c'est les problèmes qui seront vaincus très bientôt. Et l'araignée représente l'état de siège contre lui ». Cela s'est réalisé al hamdullah.

7) Une personne fait une vision éveillée pour la première fois de sa vie : « Ce n'est pas une image c'est genre comme une vidéo, je le vois, je lui dis : mais papa c'est par là ! la qibla ! Il m'a dit : ah oui c'est vrai et je me suis réveillée ». Je rapporte la vision à un interpréteur de rêve qui dit : « Tu vas guider ton père vers la voie droite. » Et effectivement, le père était égaré puis le tafsir c'est réalisé.

8) Une personne raconte la vision de sa mère : « Par exemple mon grand-père, Allah y rahmo, elle avait eu un blocage en voiture où elle le voyait tomber et finir à l'hôpital, une semaine ou moins après ses sœurs l'ont appelé en pleurs et les explications étaient vraiment similaire à sa vision. »

9) Une sœur a une vision flippante : j'ai eu des images : il y avait un ciel orange et j'avais peur, je pleurais parce que

c'était comme la fin du monde. Je pleurais car je ne faisais pas la prière j'avais très peur. Ce n'était pas dans mon rêve. C'était dans la paralysie que j'ai eu cette image-là. Par la suite, elle a repris la prière.

10) Un frère raconta une vision : « Un jour j'ai eu une vision mais c'était bizarre j'étais allongé sur mon lit, c'était un peu avant l'Icha, je n'étais pas vraiment endormi mais presque, et je me vois marcher sur un mont avec des frères et il faisait froid, et je vois des orages et une voix me réveille et n'arrêtait pas de se répéter dans ma tête « qalamoun, qalamoun, qalamoun » le premier truc que j'ai fait : est d'aller sur internet, je marque qalamoun pour voir si ça existe, je vois que ça existe c'est une région et la ville principale s'appelle Yabrud (SubhanAllah j'avais froid dans la vision ou le rêve) et ensuite je regarde la météo à la minute près, dans tout le sham il faisait beau , sauf à un seul endroit orageux : Yabrud, je vois en direct qu'il y'a des orages ce soir-là. J'ai trouvé ça bizarre ».

11) Une personne qui a pleins de visions éveillées me voit en vision et me décrit : je voulais te dire que je sais aussi à quoi tu ressembles.

je lui dis : ah bon sérieux ? Comment tu sais ?

-Parce-que quand tu me parles je te vois directement je ne sais-pas comment expliquer.

- Tu me vois en vision ??

-Oui en quelque sorte c'est comme si tout était clair quoi.

-Décris moi physiquement :

-Tu as une barbe pas voyante, mais le visage c'est comme si je le voyais en face de moi.

Ensuite je lui montre mon visage : soudain : la personne répond : « C'est vraiment le même visage que dans ma vision presque, à quelques différences subhanAllah. Je voyais directement ton visage devant mes yeux. Tu me parlais en audio et je te voyais parler. »

Puis une autre fois, elle m'a expliqué comment se produit une vision à l'état d'éveil chez elle :

Et bien ça m'arrive de voir quelques secondes avant ce qu'une personne devant moi va faire ou dire, ça je le vois intérieurement.

Je vois aussi des choses, comme la lumière, ou des personnes très grandes de taille ou qui n'ont rien à faire là mais que certaines personnes ne remarquent pas.

Sinon il m'est déjà arrivé très rarement de voir une chose mais je n'en ai jamais parlé jusqu'ici et je sais que je ne devrais jamais en parler.

Ça m'arrive de voir devant mes yeux une personne que je connais et qui me parle alors qu'elle n'est pas devant moi Mais comment t'expliquer, je le sais à ce moment-là que j'ai une vision. Et j'essaie de ne pas donner trop d'importance sinon j'ai remarqué qu'elle fuit. Si je me concentre dessus ça s'en va. Alors, j'ai compris que je dois le voir avec autre chose que mes yeux.

Je peux rapporter d'autres récits de personnes que je connais personnellement qui ont déjà eu des visions en état d'éveil mais ça fera trop lourd. Donc j'ai rapporté quelques récits de personnes que je connais à qui j'ai expliqué ce qu'étaient les visions à l'état d'éveil et qui en avaient.

Partie 1 : Les preuves tirées du Coran et de la Sunnah sur la vision des Anges et des Prophètes à l'état d'éveil

Peut-on voir les Anges et les Prophètes ?

Il est devenu courant de voir à notre époque des prédicateurs, ignorant ou méprisant la science islamique et l'héritage traditionnels, remettre en cause un fait acquis pour les générations passées et confirmé pendant des siècles, à savoir la vision à l'état d'éveil des Anges et des Prophètes et la possibilité qu'Allah dévoile des informations de l'Invisible à certains de ses serviteurs. Tout ça en cachant l'avis majoritaire des savants de la sunna en montrant que des avis marginaux. Cette nouvelle tendance en réalité ne date que de ce siècle, où le matérialisme s'est infiltré au sein de notre Communauté. Malheureusement, une grande partie des salafis de notre époque a été touché et ils ont été eux-mêmes infiltrés par des savants d'un avis très faible et ultra minoritaire rejetant le consensus, ont fini d'étendre ses tentacules pour faire de ces prédicateurs pseudos salafis des hérauts d'une doctrine hétérodoxe. Tandis que les gens de Ahlul Sunna, les 4 écoles juridiques Malikite, Chafihite, Hanbalite et Hanafite croient à la possibilité de voir le Prophète et les Anges à l'état d'éveil.

Aussi, la doctrine des Mu'tazila s'est propagée dans le monde musulman qui utilise la raison par leur cerveau pour comprendre le Coran et les hadiths, c'est-à-dire ceux sont des gens rationalistes qui se basent sur la science spéculative, la philosophie et renient tout ce qui n'est pas saisissable par la raison, mais aussi la perception d'information provenant de L'invisible par Allah Le Tout Puissant. Ils renient les prodiges des awliyas et l'interprétation des rêves alors que ce sont des choses qui sont mentionnées dans le Coran.

Si l'on consulte attentivement les paroles des savants du passé, il est presque impossible de trouver l'occurrence d'une personne ayant réfuté la possibilité de voir les Anges et les âmes des Prophètes après leurs morts physiques. L'avis contraire reste au contraire anecdotique et ne peut être attribué, à notre connaissance, qu'à de rares savants s'étant isolés d'un avis unanime. Il est constant au contraire qu'une telle chose est possible, au vu des preuves textuelles et de l'expérience des hommes.

Mais, il faut faire attention, il y'a aussi des groupes de faux soufis égarés qui prétendent que pour voir le Prophète à l'état d'éveil, il faut soi-disant entrer dans une tariqa, avoir l'autorisation du cheikh de la tariqa pour voir le Prophète et que celui qui ne suit pas une tariqa ne pourra jamais voir le Prophète à l'état d'éveil.

Ceci est une des plus grosses erreurs que j'ai pu entendre. Comme ci, c'est le cheikh de la Tariqa qui contrôle les prodiges. Allah fait ce qu'Il veut de son serviteur. C'est dans l'obéissance à Allah, la piété, les actes d'adoration qu'Allah peut octroyer des prodiges.

Surtout que beaucoup de grands savants de la Sunnah n'appartenaient pas forcément à une tariqa. Parmi les grands juristes, les grands soufis, les awliyas, aucun d'entre eux n'ont prétendu qu'il faut rejoindre une tariqa et avoir l'autorisation du Cheikh pour voir le Prophète à l'état d'éveil. Pire encore, on voit des élèves d'une tariqa sur YouTube se filmant en racontant soi-disant leurs expériences en ayant vu le Prophète à l'état d'éveil tout en disant que c'est grâce à leur Cheikh de la tariqa.

Si cela été réellement vrai, le Cheikh de la tariqa leur aurait interdit de témoigner ce genre de manifestations. Ils ne l'auraient jamais raconté en public, ce sont des choses qu'il ne faut jamais dévoiler en public. Comme je l'ai précisé en haut, voir le Prophète à l'état d'éveil est le prodige le plus rare et le plus restreint, encore pire à notre époque. Alors, ce n'est pas des individus lambdas qui dansent dans les mosquées en chantant qui vont voir le Prophète à l'état d'éveil, à moins que ce soit seulement satan qui s'est fait passer pour le Prophète Mohamed aleyhi salat wassalam.

Petite anecdote : Une fois, un frère conseille à des amis à nous de faire une forme de dhikr particulière, pour voir les Prophètes en vision éveillée, ensuite il prétendit devant tout le monde par message qu'il a vu le Prophète Ibrahim à l'état d'éveil, alors que c'est une personne qui insulte et critique violemment les anciens grands savants de l'Islam comme Ibn Kathir, Ibn Qudma et les fondateurs des 4 écoles. Depuis quand un prophète comme Ibrahim viendrait rendre visite à un pervers innovateur qui rejette des hadiths qui ne vont pas dans son sens et rejette le tafsir du Coran, des savants ? Ainsi, ne soit pas dupé par toute personne qui prétend avoir vu le Prophète à l'état d'éveil tant que tu n'as pas observé son niveau de foi, sa science et son comportement face aux salafs et aux grands savants de l'Islam.

Nous verrons dans la grande fatwa de l'imam Suyuti que la plupart des awliyas qui ont vu le Prophète à l'état d'éveil n'appartenaient pas à une tariqa. Même si L'imam Suyuti appartient à la Tariqa Shadhiliyya, il n'a jamais mentionné que c'est une condition pour voir la vision du Prophète Mohamed aleyhi salat wassalam à l'état d'éveil.

A) La vision des Anges

Pour cette partie, on va s'appuyer sur un bon article tiré du site ahlulmadinah.fr

La vision des Anges, dans une forme quelconque, est une possibilité établie par le Coran. En effet, Allah a dit, concernant sayyiduna Ibrahim (aleyhi salam) : « Quand vinrent nos Messagers à Ibrahim avec la bonne nouvelle, ils dirent « Paix » il répondit « Paix ». Il ne reste pas un instant sans ramener un veau gras. Quand il vit que leurs mains ne le touchaient pas, il ne les reconnut plus et éprouva de la crainte à leur endroit » [1]

Il dit aussi : « Quand vinrent nos Messagers à Lut et qu'il éprouva de la gêne pour eux, ils dirent « n'aie pas peur et ne sois pas triste. Nous allons te sauver ainsi que ta famille sauf ta femme qui sera parmi les gens détruits » [2]

Les Messagers mentionnés dans ces deux versets font référence à des Anges qui étaient venus visiter ces Prophètes.

S'il est vrai qu'à ces deux occasions ces Anges sont apparus à des Prophètes, le Coran atteste du fait que des non-prophètes puissent voir un Ange sans nul doute et leur adresser la parole. Allah dit dans ce sens, concernant Maryam la fille de 'Imran : « Elle mit un voile entre eux et nous lui envoyâmes notre esprit qui se présenta à elle sous la forme d'un homme bien bâti. Elle dit : « je demande la protection du Miséricordieux contre toi si tu es pieux ». Il dit : « Je suis un Messager de ton Seigneur pour t'offrir un garçon purifié » [3]

Si l'on prétend que la prophétie de Maryam est un sujet de divergence parmi les savants de la 'aqidah, cette possibilité de voir les Anges pour un non-prophète est illustrée par deux autres événements.

Le premier est la vision de ces Anges par sayyida Sarah, la femme de Ibrahim (aleyhi salem) dont Allah dit : « Sa femme était debout, elle rit et on lui annonça Ishaq et après Ishaq, Ya'qub. Elle dit « Malheur à moi. Vais-je enfanter alors que je suis vieille et que mon mari est un vieillard ? C'est vraiment une chose étonnante ». Ils dirent : « T'étonnes-tu de l'ordre d'Allah ? ... » [4]

Cette possibilité a même été accordée à des pervers notoires, c'est-à-dire les gens du peuple de sayyidina Lut aleyhi salem : « Les gens de la ville vinrent avec joie. Il dit : « Ceux-là sont mes invités, ne me déshonorez pas. Craignez Allah et ne m'humiliez pas ». Ils dirent : « Ne t'avions-nous pas interdit de recevoir des gens ? »[5]

Il est clair de ce verset que les gens du peuple de sayyidina Lut, malgré leur perversité évidente, voyaient ces Anges sous la forme humaine et qu'ils reprochaient à sayyiduna Lut de les recevoir chez lui. En effet, les Anges avaient manifesté la volonté d'être vus, ce qui indique que leur vision n'est pas interdite, ni par la raison, ni par la révélation.

La Sunnah confirme la possibilité pour les pieux parmi les musulmans de voir les Anges sous une de leurs formes. Dans le hadith rapporté par al Bukhari et Muslim, dans le hadith dit de Gibril, Omar ibn al Khattab a dit : « Alors qu'on était assis auprès du Messager d'Allah (aleyhi salat wassalam), un homme apparut ayant des habits d'une blancheur éclatante, avec des cheveux d'une noirceur extrême, qu'aucun d'entre nous ne connaissait. Il s'approcha du Messager d'Allah et mit son genou contre son genou… » Jusqu'à ce qu'il dise : « Je restai quelque temps. Le Messager d'Allah me dit : « Omar, sais-tu qui était le questionneur ? ». Je dis : « Allah et son Messager sont plus savants ». Il dit : « C'était Gibril qui était venu vous enseigner votre religion ». [6]

Ce hadith, dont le degré d'authenticité est mashhur, nous relate l'apparition d'un Ange, sous forme humaine, à un groupe de Compagnons, donc à un groupe de musulmans non-prophètes. Cette possibilité ne peut donc être réfutée, d'autant plus qu'elle est confirmée par le hadith rapporté par Muslim dans son Sahih : « Hanzala a dit : Nous étions auprès du Messager d'Allah, il nous fit une exhortation et rappela l'enfer. Puis, je revins à la mosquée et me mis à rire avec mes enfants et jouer avec ma femme. Je sortis et rencontrai Abu Bakr. Je lui racontai ce qui m'arrivait et il dit : « J'éprouve exactement la même chose ». Nous rencontrâmes le Messager d'Allah et je lui racontais cela. Abu Bakr : « Moi aussi, cela m'arrive ». Je dis : « Ô Messager d'Allah, Hanzala est devenu hypocrite ». Il dit : « Hanzala, chaque chose en son temps. Si vous restiez dans l'état où vous êtes pendant le rappel, les Anges vous serreraient la main et vous salueraient dans la rue ». [7]

Al Suyuti a dit en commentant ce hadith : « Il y a ici une preuve sur la possibilité de voir les Anges, comme prodige pour les awliyas » [8]

L'expérience surtout conforte cette possibilité comme un prodige qu'Allah accorde à ses serviteurs. Cela veut dire qu'il est possible que le musulman voit les Anges sous une forme sans que ceux-ci aient manifesté leur volonté d'être vus par eux, et cela par leur degré de rapprochement avec Allah.

Dans le Sahih de l'imam Muslim ibn Hajjaj, Salman a dit : « On m'a informé que Gibril était venu voir le Prophète alors que Umm Salamah était à côté de lui. Il commença à parler puis s'en leva. Le Prophète demanda à Umm Salamah : « qui était-ce ? » Elle dit : « c'était Dihyah ». Elle dit ensuite : « Je jure par Allah ! j'ai vraiment cru que c'était lui jusqu'à ce que j'entende le Prophète m'indiquer de qui il s'agissait réellement » [9]

An Nawawi a dit : « Ce hadith indique la possibilité pour un homme de voir les Anges ainsi que l'occurrence d'un tel fait. Ils les voient alors sous la forme d'hommes car ils ne peuvent supporter la vue de leur forme originelle. » [10]

Dans le Musnad de l'imam Ahmed, Abu Salamah a rapporté de sayyida Aisha qu'elle a dit :
« J'ai vu le Messager d'Allah ayant posé ses deux mains sur les rênes d'un cheval tout en parlant avec un homme. Je lui dis : « Je t'ai vu parler avec Dihya al Kalbi en posant tes mains sur les rênes de son cheval et tu lui parlais ». Il me dit : « Tu l'as vraiment vu ? » Je dis « oui ». Il me répondit alors : « Ce n'était autre que Gibril et il te passe le salam ». Je dis alors : « Que la paix soit sur lui aussi, ainsi que la Miséricorde d'Allah et ses bénédictions et qu'Allah le récompense comme compagnon, et quel bon compagnon et quel bon hôte ! » [11]

L'imam Ahmed rapporte de même à propos de Haritha ibn Nu'man : « Je suis passé un jour devant le Messager d'Allah alors qu'il était assis sur un siège et que Gibril était avec lui. Je le saluai et passai. Quand je fus lui, le Messager d'Allah (aleyhi salat wassalam) me rejoignit et dit : « As-tu vu celui qui était avec moi ? ». Je dis : « oui ». Il dit : « il s'agissait de Gibril et il te rend le salam » [12]

La vision des Anges est donc possible rationnellement. Qui plus est, son occurrence est vérifiée pour les Prophètes comme pour les pieux.

L'imam as Suyuti indique à cet effet : « La vision des Anges est possible à notre époque, comme prodige qu'Allah accorde à qui Il veut de ses Awliyas. L'imam al Ghazali l'a mentionné dans al munqidh min al dalal ainsi que son élève, Abu Bakr ibn al 'Arabi qui était un imam des malikites dans son livre qanun al ta'wil » [13]

B) La vision du Prophète en vision à l'état d'éveil

Je dis : A propos de ceux qui renient la possibilité de voir le Prophète Mohamed aleyhi salat wassalam en vision à l'état d'éveil : Parmi les plus grand karamates (prodiges) des awliyas (amis/alliés d'Allah), voir le Prophète Mohamed aleyhi salat wassalam en vision à l'état d'éveil. L'imam Ibn abi Jamrah l'andalou a vu le Prophète en étant éveillé plus de 70 fois. C'est le plus grand des prodiges qui peut exister chez les alliés d'Allah. Et même L'imam Suyuti qui était dans la science du hadith avait ça. Sans oublier que les musulmans qui ne croient pas aux miracles des Prophètes et aux prodiges des awliyas deviennent mécréants car cela touche la croyance. Par contre, il faut préciser que c'est quelque chose qui reste rare chez les awliyas. Cela veut dire que ce n'est pas n'importe qui, va prétendre avoir vu le Prophète à l'état d'éveil. C'est ultra restreint et très rare.

Je mets la suite de l'article du site : ahlulmadinah.fr

La vision des Prophètes avec leur mort physique. A l'image de la vision des Anges, la vision des Prophètes après leur mort physique n'est pas réfutée par la raison. Au contraire, elle est prouvée par le Coran, la Sunnah et l'expérience des musulmans depuis des siècles. Allah a dit, s'adressant au Prophète aleyhi salat wassalam :
« Nous avons donné à Moussa le livre, ne doute point de sa rencontre ! »[14]

Cette rencontre citée dans ce verset, selon une des deux interprétations acceptées, fait référence à la rencontre physique du Prophète avec sayyiduna Moussa, lors de son mi'raj. Or, ce mi'raj s'est fait par le corps et l'esprit, ce qui implique que le Prophète (aleyhi salat wassalam) a rencontré sayyidana Moussa (aleyhi salem) à l'état d'éveil, après sa mort physique.

Al Samarqandiy a dit : « Il est dit dans le rapport d'al Kalbi : « Ne sois pas en doute de ta rencontre avec Moussa (aleyhi salem) la nuit de l'ascension à Jérusalem, c'est-à-dire que le Prophète (aleyhi salat wassalam) a rencontré Moussa (aleyhi salem) à cet endroit »[15]

Ibn Juzay a dit : « C'est-à-dire, ne doute point de ta rencontre avec Moussa (aleyhi salem) la nuit de d'al isra' »[16]

Cette interprétation est confirmée par les textes de la Sunnah. Dans le Sahih de l'imam Muslim, Ibn 'Abbas a dit : « Le Messager d'Allah (aleyhi salat wassalam) a dit : je suis passé, la nuit où on m'a fait voyager, près de Moussa (aleyhi salem) fils de 'Imran. Il est un homme noir, grand et trapu comme un homme de la tribu de Shabou'ah. J'ai vu 'Isa ibn Maryam (aleyhom salem). Il est de taille moyenne, au teint tirant entre le blanc et le brun, aux cheveux laissés au vent. On m'a montré aussi Malik, le gardien du feu ainsi que le dajjal ». Ceci, parmi les signes qu'Allah lui montra : « ne sois pas en doute sur sa rencontre ».

Qatada interprétait ce verset comme indiquant que le Prophète (aleyhi salat wassalam) avait rencontré Moussa (aleyhi salam) » [17]

Or, le voyage nocturne du Prophète (aleyhi salat wassalam) s'est fait par le corps et l'esprit et non en sommeil, comme en attestent la quasi-unanimité des savants de cette Communauté.

Commentant les propos d'an Nasafi, Sa'd al Taftazani a dit : « [Le mi'raj du Messager d'Allah (aleyhi salat wassalam) à l'état d'éveil avec son corps jusqu'au ciel puis jusqu'à la limite qu'Allah a voulue est une vérité] C'est-à-dire qu'il est établi par une information connue de sorte que celui qui le nie est un innovateur (...) Sa parole [à l'état d'éveil] est une réfutation de ceux qui prétendent que le mi'raj s'est fait à l'état de sommeil » [18]

Dans tuhfah al murid, Al Bajuri a dit : « La vérité est que [isra'] s'est fait en état d'éveil, par l'esprit et le corps, par consensus des gens du second siècle ainsi que les générations suivantes de la Communauté musulmane » [19]

Les récits rapportant l'événement du isra' sont donc, à tous points, une preuve incontestable qu'il est possible de voir des Prophètes à l'état d'éveil après leur mort physique. Les hadiths rapportés sur ce sujet sont notoires et seul un pervers récalcitrant pourrait les réfuter.

Dans ce qu'a rapporté al Bukhari dans son Sahih, le Prophète (aleyhi salat wassalam) a dit : « ...le ciel fut ouvert, j'entrai et on y trouva Adam (aleyhi salam). Gibril dit : « voici ton père Adam, salue-le ». Je le saluai et il me rendit le salut. Il dit « Bienvenue à un fils pieux et un Prophète pieux ». Puis je fus élevé jusqu'au second ciel. On demanda à ce qu'il fut ouvert et on dit : « qui est-ce » ? Il répondit « Gibril ». « Et qui est avec toi ? » Il répondit « Mohamed ». On dit « Il a donc été envoyé ? ». Il dit « oui ». Il fut dit « Bienvenue à lui, quel excellent invité est venu ! ». Le ciel fut ouvert et une fois qu'on fut entré, on trouva Yahya et Isa (aleyhom salem) les deux cousins. Il me dit : « voici Yahya et Isa, salut les ». Je les saluai et ils me rendirent le salut disant : « Bienvenue Ô frère pieux, Ô Prophète bienfaisant ».

Puis je fus élevé jusqu'au troisième ciel. On demanda à ce qu'il fut ouvert et on dit : « qui est-ce ? ». Il répondit « Gibril ». « Et qui est avec toi ? » Il répondit « Mohamed ». On dit « Il a donc été envoyé ? ». Il dit « oui ». Il fut dit « Bienvenue à lui, quel excellent invité est venu ! ». Le ciel fut ouvert et une fois qu'on fut entré, on trouva Yussef. Il me dit : « voici Yussef, salue-le ». Je le saluai et il me rendit le salut disant : « Bienvenue Ô frère pieux, Ô Prophète bienfaisant ».

Jusqu'à la fin du hadith où, au quatrième, cinquième, sixième et septième ciel, il rencontra des Prophètes morts, à savoir Idris, Harun, Moussa et Ibrahim (aleyhom salem). Ce hadith, ainsi que les nombreux rapportés sur ce sujet, indiquant clairement la possibilité pour un vivant de voir les Prophètes morts.

Si on dit que cette possibilité n'a été donnée uniquement au Prophète.

On répondra alors : une telle assertion doit être prouvée car il y'a aucun texte qui est venu limiter cette possibilité aux Prophètes et aucune preuve rationnelle ne s'oppose à cette occurrence.

Bien au contraire, tout ce qui est possible pour un Prophète l'est aussi autant pour les alliés d'Allah en l'absence de spécification venant de la révélation.

Le Shaykh 'illish al Maliki a commenté les propos de l'auteur de ida'ah al dujunah en disant :
« La majorité des gens de la Sunnah considère que tout ce qui est possible comme miracle pour un Prophète est possible comme prodige. Ibn al Subki a spécifié la généralité de cette possibilité en s'appuyant sur la position de al Qushayri dans Man' al mawani' »[20]

En effet, Taj as Subki et al Qushayri réduisent cette possibilité, en indiquant que le prodige ne peut pas atteindre un certain degré, comme par exemple qu'un enfant naisse sans père.

Dans Jam' al jawami'i, 'Abdul Wahhab al Subki a dit :
« Les prodiges des saints sont des vérités. Al Qushayri a dit
: « ces prodiges n'ont pas de limites sauf par exemple
qu'un enfant naisse sans père » [21]

Or, même en prenant la position faible défendue par
Qushayri, celle-ci ne s'oppose pas à ce qu'un homme pieux
puisse voir un Prophète mort à l'image du Prophète. En
effet, cette position excepte uniquement les faits pour
lesquels les Prophètes ont défié les gens de leur époque ou
ceux des époques à venir, comme le fait de ramener un
livre identique au Coran.

Amir al mu'minin ibn Hajar al 'Asqalani a dit, prenant fait
pour l'avis d'al Qushayri :
« L'avis le plus connu parmi les gens de la Sunnah est
l'affirmation des prodiges dans l'absolu. Mais certains
parmi les savants vérificateurs comme Abul Qasim al
Qushayri ont excepté à cette généralité les faits pour
lesquels certains Prophètes ont lancé un défi. Il a dit : « Ils
ne peuvent pas arriver à la limite de faire enfanter sans
père par exemple ». Cette position est la plus juste. Quant
à l'exaucement d'une invocation dans l'instant, la
multiplication de la nourriture et de l'eau, le dévoilement
de se cacher des yeux, l'information d'événements futurs
et ce qui y ressemble, cela est très répandu de sorte que
leur occurrence par ceux à qui on attribue la sainteté est
devenue habituelle. » [22]

S'il est donc établi que le Prophète a vu des Prophètes
morts à l'état d'éveil, seule une preuve textuelle serait à

même d'infirmer cette possibilité ainsi que son occurrence pour des hommes pieux. Il est cependant clair qu'un tel prouvant ceci n'existe pas. De plus, cette vision n'ayant pas le caractère d'un défi lancé aux dénégateurs, même si on adoptant l'avis d'al Qushayri, elle ne peut avoir le caractère d'un don spécifique aux Prophètes.

La Sunnah indique donc la possibilité de voir les âmes des Prophètes à l'état d'éveil.

Dans le Sahih de l'imam al Bukhari, Abu Hureyrah a rapporté du Prophète (aleyhi salat wassalam) : « Quiconque me voit en rêve me verra à l'état d'éveil. Le shaytan ne peut prendre mon apparence » [23]

Dans un autre hadith on trouve : « Qui m'a vu, a vu vrai, le shaytân ne prend jamais ma forme »

Ibn Batal al Maliki a dit : « il me verra à l'état d'éveil par cela, il veut confirmer la vision à l'état d'éveil ainsi que son authenticité et son occurrence réelle. Ce qui est visé n'est pas qu'il le verra dans l'au-delà car toute sa Communauté le verra à l'état d'éveil dans l'au-delà, aussi bien ceux qui l'ont vu en rêve que ceux qui ne l'ont pas vu » [24]

Par cette parole, l'imam ibn Batal, un des 1er commentateur du Sahih de l'imam al Bukhari, prouve que la possibilité et l'occurrence de la vision des Prophètes à l'état d'éveil après leur mort n'est pas une affabulation créée dernièrement. Au contraire, cet imam mort en 449 de la hijrah montre même que cette réalité est connue depuis des siècles par les savants musulmans. Ils ont toujours, au fil des siècles, déclarer la possibilité. Seuls quelques gens privés cette faveur ont pu, enchaînés par leur aveuglement, leur ignorance et leur éloignement des lumières de la prophétie, prétendre à son impossibilité à des époques récentes.

En effet, l'imam al Ghazali a dit : « les subtilités du malakut s'ouvrent à l'état d'éveil pour celui qui montre de la sincérité dans son combat intérieur et son éducation spirituelle et se débarrasse de l'emprise des passions, de la colère, des mauvais comportements et des actions vénielles. Si la personne s'assoit dans un endroit vide et s'affranchit des voies d'accès aux sens, son œil ainsi que son audition intérieure s'ouvrent. Son cœur devient dès lors relié au monde du Malakut. Il dira en permanence « Allah, Allah, Allah » par son cœur au lieu de sa langue. Et cela, jusqu'à ce qu'il ne se rende plus compte de lui-même ou du monde. Il sera de telle sorte qu'il ne verra rien d'autre qu'Allah, exalté soit-Il. Ces subtilités s'ouvrent et il voit à l'état d'éveil ce qu'il pourrait voir en sommeil. Il lui apparaît alors les âmes des Anges et des Prophètes ainsi que des images belles, adorables, majestueuses. »

Dans bahjah al nufus, l'imam ibn Abi Jamrah al Maliki a dit, au commentaire du hadith cité : « Le sens apparent du hadith montre et indique deux règles. La première est que quiconque le voit en rêve le verra à l'état d'éveil. La seconde est l'information que le shaytan ne peut prendre son apparence. Il y a plusieurs questions. L'une d'elles est de savoir si ces informations sont valables dans l'absolu, aussi bien dans sa vie qu'après sa mort ou uniquement pendant sa vie terrestre... Nous disons : l'énonciation est générale. Quiconque veut la limiter sans en ramener la preuve le fait arbitrairement. Certaines ont refusé de croire en cette généralité et ont dit, selon leur raisonnement limité, comment un vivant peut-il voir un mort ?

Il faut mettre en garde contre un tel raisonnement car il comporte deux éléments dangereux. Le premier est de refuser la parole générale de celui qui ne s'exprime point par passion. Le second est l'ignorance de la Puissance d'Allah et le fait de lui attribuer l'impotence. On dirait qu'une telle personne n'a pas entendu l'histoire de la vache dans la sourate du même nom « Nous dîmes, frappez-le par une de ses parties. C'est ainsi qu'Allah fait revivre les morts » (…) il est en effet capable de faire de la vision en rêve une cause pour le voir à l'état d'éveil. Il a été rapporté de certains compagnons, et je pense qu'il s'agit de Ibn 'Abbas, qu'il vit le Prophète (aleyhi salat wassalam) dans son rêve. Il se mit à penser à ce hadith. Une des épouses du Prophète (aleyhi salat wassalam) entra près de lui, et je pense qu'il s'agit de Maymunah. Il lui raconta sa vision. Elle se leva et lui rapporta un habit et un miroir et lui dit « voici un habit et voici un miroir ». Il dit alors : « j'ai regardé dans le miroir et je vis l'image du Prophète (aleyhi salat wassalam) à la place de ma propre image. » Il est rapporté des salaf et des khalaf, à une quantité innombrable, qu'ils avaient vu le Prophète (aleyhi salat wassalam) en sommeil. Comme ils prenaient ce hadith dans son sens apparent, ils le virent après cela à l'état d'éveil. Ils lui posaient des questions sur des choses dont ils avaient l'appréhension et il leur répondait en les rassurant. Ou bien, il leur indiquait la solution dans laquelle se trouvait la bonne issue et les choses se passaient comme décrit.

Celui qui nie cette possibilité ne peut pas échapper à une de deux qualifications : soit il nie les prodiges des awliyas, soit il les affirme. S'il est de ceux qui nient les prodiges des awliyas, il n'y a pas à aller plus loin avec lui. En effet, il nie ce qui est établi par la Sunnah avec des preuves claires. Nous avons évoqué cela au début de ce livre et nous avons évoqué ce qui est sur cela suffisant. S'il affirme les prodiges des saints, qu'il sache que cette vision à l'état d'éveil reste du même ordre. Il est dévoilé aux awliyas beaucoup de choses, par la rupture de l'ordre des choses, qui relèvent des mondes supérieurs et inférieurs. On ne peut nier cette vision alors qu'on affirme de l'autre côté les autres prodiges. » [25]

Son élève Al Abdari indique une chose identique dans al madkhal : « Certains parmi eux (les soufis) prétendent à la vision du Prophète à l'état d'éveil. C'est une faveur rare et il y a peu de gens à qui cela est arrivé. Ceux-là avaient des qualités qu'il est difficile de trouver à notre époque. Je dirais même que cela est devenu presque inexistant sachant que je ne réfute pas que cela arrive aux grand awliyas dont Allah a préservé les membres et les cœurs » [26]

L'imam Qurtubi, le mufassir, a dit dans tadhkirah ahwal al mawta : « La mort des Prophètes n'est qu'un retour vers un endroit d'où nous ne pouvons pas les atteindre, même s'ils y sont vivants, à l'image des Anges. Ils sont donc présents et vivants. Nul ne les voit parmi nous sauf ceux à qui Allah a accordé un prodige en ce sens parmi ses awliyas » [27]

Le Hafiz ibn Hajar a abondé dans ce sens dans son fathual bari donnant la définition du sahabi, il dit en effet : « Celui qui l'a vu (le Prophète) après sa mort mais avant son inhumation, l'avis correct est qu'il n'est pas sahabi. Sinon, on compterait comme sahabah ceux qui ont vu son noble corps dans sa tombe sanctifiée, même à notre époque. De même, celui à qui il apparaît parmi les awliyas et qu'il le voit à titre de prodige de façon miraculeuse, un kashf (dévoilement) a eu lieu de lui, il a alors vu le Prophète ainsi à l'état d'éveil. Mais il n'est pas compté comme sahabi... Ce qui est visé par cette vision, sur les points qu'on a évoqués plus haut et sur lesquels il y a unanimité, concerne la vision à l'état d'éveil » [28]

Le hafiz, par cette parole, répond ici au problème qu'il pose lui-même sur la question de la vision à l'état d'éveil. En effet, après avoir rapporté la position de ibn Abi Jamrah sur la possibilité de voir le Prophète après sa mort, il indique ensuite :
« Cette position est assez problématique. Pris dans son sens apparent, cela impliquerait que ceux qui l'ont vu soient des sahabas et que la possibilité d'être un sahabi s'étende jusqu'au jour du Jugement » [29]

Al hafiz répond lui-même à cette problématique, en montrant ainsi que cette vision est possible et peut se faire par dévoilement (un kashf)

Dans tanwir al halak, l'imam al Suyuti a dit : « Tout un groupe des imams de la shari'ah a énoncé que fait partie des prodiges des saints le fait de voir le Prophète (aleyhi salat wassalam) et de le rencontrer à l'état d'éveil et de prendre de lui des sciences et des dons. Parmi ceux qui ont écrit cela, des savants shafi'is mais aussi des imams parmi les malikites comme al Qurtubi, Ibn Abi Jamra et Ibn al Hajj dans al madkhal » [30]

L'imam al Suyuti a rédigé un ouvrage complet sur la question, évoquant les preuves textuelles et expérimentales montrant l'occurrence d'une telle vision. Il a nommé ce livre « tanwir al halak fi imkan ru'yah al ambiya wal malak ». C'est cette fatwa que l'on verra par la suite dans la partie 2.

Dans son commentaire sur son poème jawharah at tawhid, l'imam al Laqqani a dit : « Ibn Abi jamrah, al Maziri ainsi qu'al Yafi'i et bien d'autres ont dit que beaucoup de pieux avaient vu le Prophète (aleyhi salat wassalam) à l'état d'éveil » [31]

Ensuite il a beaucoup développé ce fait et réfuté les arguments des dénégateurs.
Ibn Hajar al makki a été interrogé quant à lui : « Est-il possible de rencontrer le Prophète à l'état d'éveil ? »

Il répondit : « Certes, oui. Cela est possible. Al Ghazali, Taj al Subki, al 'Afif al Yafi'i parmi les shafi'ites, al Qurtubi, Ibn Abi Jamrah parmi les malikites ont été clairs pour dire qu'il s'agit d'un des prodiges des awliyas. » [32]

Abul fayd al Munawi a dit de son côté : « Les connaissants (arifin) le voient dans le monde réel, à l'état d'éveil de sorte que le shaykh Abul 'Abbas al Mursi a dit : « Si le Messager d'Allah m'était voilé le temps d'un clin d'œil, je ne me compterais plus parmi les fuqara ». Et dans une autre version : « je ne me compterais plus parmi les musulmans ». Un parmi les awliyas reprenait toutes les prières qu'il avait faites et dans lesquelles il ne l'avait pas vu directement, même par inadvertance. Il disait : « Celui qui ne le (aleyhi salat wassalam) pas dans sa prière et ne lui serre pas la main dedans, est un homme défaillant car il dispense ses flux à l'ensemble de ceux qui agissent selon sa shari'ah pour atteindre les degrés de la perfection ». Cette station, même si elle est difficile pour le commun des gens et que peu y prétendent, Allah la rend facile pour ceux qui sont destinés à l'atteindre de sorte qu'elle devient parmi les choses les plus simples. » [33]

Le hafiz 'Ali Ibn Sultan al Qari a dit : « Nous avons expliqué que sa vision à l'état d'éveil n'implique pas qu'il sorte de sa tombe car il s'agit d'un prodige des awliyas. Comme déjà dit, Allah leur enlève les voiles. Ni la raison, ni la législation et encore moins l'empirisme n'interdisent qu'un wali étant au plus loin de l'Orient ou de l'Occident soit honoré par Allah et qu'il ne mette entre lui et son essence noble aucun obstacle ni voile alors qu'il est dans sa tombe » [34]

Dans al fawakih al dawaniy, al Nafrawi a dit à la fin de l'ouvrage : « Il est possible de voir le Prophète (aleyhi salat wassalam) à l'état d'éveil et en sommeil par unanimité des hufaz. Ils ont juste divergé pour savoir si ce qui est vu à ce moment est son essence pure ou une projection de sa personne. La première position est celle d'un groupe alors que l'autre est défendue par al Ghazali, al Qarafi, al Yafi'i et d'autres. Les premiers ont indiqué qu'il était la lampe de la guidée et la lumière de la direction, le soleil des connaissances. A ce titre, il est vu comme peut être vu une lampe, une lumière ou le soleil, de loin. »

Dans ses *fatawa,* le *mujtahid* du *madhhab* de Malik, le shaykh 'Illish al kabir a dit : « J'ai entendu sidi 'Ali al Khawwas dire : « Il n'est pas correct qu'une parole dite par les imams *mujathid* sorte de la *Shari'ah* selon les gens du dévoilement. Comment donc cela serait possible qu'ils sortent de la *shari'ah* alors qu'ils tirent leurs paroles du Coran et de la Sunnah, des paroles des *sahabah* et que du fait qu'un d'entre eux puisse rencontre l'âme du Messager d'Allah (aleyhi salat wassalam) ? Et qu'il puisse l'interroger sur toute chose sur lesquelles les savants ne se sont pas prononcés, faute de preuve en lui disant : « Ceci est-elle ta parole Ô Messager d'Allah (aleyhi salat wassalam) ? ». Cette chose se fait à l'état d'éveil. De même, ils l'interrogent sur toute chose concernant le Coran et la Sunnah avant de l'inscrire dans leurs livres en disant : « Ô Messager d'Allah (aleyhi salat wassalam), nous avons compris ceci de tel verset, nous avons compris ceci de tel de tes paroles, acceptes-tu tel hadith ou non ? ». Je dis (Shaykh 'Illish) : Ils n'agissent donc que selon l'implication de sa parole ainsi que sa propre indication. Celui qui s'étonne sur ce qu'on a évoqué sur le dévoilement des imams et de leur rencontre avec le Messager d'Allah (aleyhi salat wassalam) en tant qu'âme, nous lui disons : « tout ceci fait partie des prodiges des *awliyas* »[35]

Il a parlé ainsi, attestant de la possibilité pour les pieux de voir le Prophète à l'état d'éveil, de l'interroger et a compté cela parmi les prodiges possibles accordés aux awliyas.

Al Alusi a dit dans *ruh al ma'ni* : « Il est possible que cette rencontre (de sayyidina Isa, aleyhi salam, après son retour sur terre) avec le Prophète soit avec leurs âmes. Il n'y a rien d'extraordinaire dans cela alors qu'il est arrivé que de nombreuses personnes accomplies de cette communauté l'aient vu à l'état d'éveil après sa mort et qu'ils aient appris de lui » [36]

Si on dit : comment est-il possible de voir les Prophètes alors qu'ils sont enterrés dans leur tombe ?

En premier, la vision à l'état d'éveil ne se fait pas par le corps de celui qui est vu mais uniquement par son esprit. C'est effectivement l'avis de la majorité des savants qui se sont exprimés sur cette question. A partir de là, il n'a pas lien avec le fait que leurs nobles corps soient enterrés dans un lieu précis alors que c'est leurs âmes qui se déplacent.

En effet, la vie des Prophètes dans le barzakh et leur possibilité de se déplacer et d'être vus en plusieurs endroits est affirmée par la Sunnah. La mort physique libère les âmes des pieux et des Prophètes qui ne sont plus astreints à la prison du corps.

Dans al Ruh, Ibn al Qayyim a dit : « L'âme libre de la prison du corps, de ses liens, de ses contraintes par rapport aux interactions, à la force, à la finesse, à l'ardeur, à la vitesse ainsi qu'au rapprochement d'Allah et au fait de se lier à lui, cette âme libre possède des qualités que n'a pas l'âme édulcorée et emprisonnée dans les liens du corps et ses contraintes. Que dire donc quand l'âme n'est plus prisonnière du corps, qu'elle s'en sépare et qu'elle revient à la source première. Je veux dire par source première qu'elle soit une âme élevée, purifiée, grande et ayant une haute aspiration. Elle prend une dimension toute autre après sa séparation avec le corps et agit tout autrement. Il est rapporté par tawatur les visions qu'ont eu de nombreux humains sur des âmes qui, après leur mort, agissaient d'une façon impossible à réaliser quand elles étaient liées au corps. Il est arrivé que ces âmes vainquent des armées nombreuses à une ou deux ou en nombre très petit » [37]

Or, les âmes des Prophètes sont vivantes dans leurs tombes où elles prient. Dans le hadith rapporté par Ibn Mas'ud, le Prophète (aleyhi salat wassalam) a dit : « Ma vie est une bonne chose pour vous, des annonces vous sont faites et vous sont rapportées. Ma mort est bonne pour vous, vos actions me sont présentées. Si je vois du bien, je loue Allah. Si je vois du mal, je demande pardon à Allah pour vous. » [38]

Cette vie dans le barzakh n'empêche en rien qu'ils puissent se déplacer d'un endroit à l'autre. Le prouve le hadith qu'a rapporté Muslim dans son sahih : Le Prophète a dit « J'ai vu Moussa la nuit de isra' près d'un monticule rouge. Il était debout et priait dans sa tombe ». [39]

Or, dans cette même nuit, le Prophète indique qu'il a rencontré Moussa au sixième ciel. Il indique aussi qu'il pria devant lui à al Quds. De cela, il est clair que les âmes des Prophètes ne sont pas limitées par les distances mais peuvent les parcourir alors que leurs corps reposent dans leur tombe.

Ahmed ibn 'Abdil Halim al Harraniy a dit : « il est connu que de nombreux corps ne sont pas mangés par la terre, comme les corps des Prophètes et des véridiques ou des martyrs de Uhud ou d'autres batailles. Les récits sur cela ont atteint le tawatur. Mais ce qui est visé dans ce qu'a dit le Prophète concernant l'assise du mort dans sa tombe doit être interprété comme le fait que ce sont leurs âmes qui sont assisses, alors qu'en apparence, leurs corps restent couchés. Ce qui conforte cela est l'information du Prophète qu'il a vu, la nuit du mi'raj, certains Prophètes dans les cieux. Il a vu Adam, Isa, Yahya, Yussef, Idris, Harun, Moussa et Ibrahim (alyhom salam). Il a informé de même qu'il avait vu Moussa debout, priant dans sa tombe alors qu'il l'avait vu dans les cieux. Il est connu que les corps des Prophètes sont dans leurs tombes, sauf Isa et Idris. Si Moussa a été vu en train de prier dans sa tombe et qu'il fut vu au sixième ciel, peu de temps après, cela indique que ce fait ne s'applique pas à un corps. » [40]

Si l'on rétorque : comment peut-on être sûr que la personne vue est bien le Prophète (aleyhi salat wassalam) et non djinn ayant pris son apparence ?

On répond : c'est la révélation qui nous informe qu'un tel cas de figure est impossible. En effet, dans le hadith déjà cité, le Prophète a dit : « Celui qui m'a vu, a vu vrai. Le shaytan ne peut prendre mon apparence ».

Il s'agit d'une indication claire que le shaytan, en tous cas et quel que soit le mode de vision, ne peut se présenter sous l'apparence du Prophète (aleyhi salat wassalam). Il ne peut non plus se présenter sous l'apparence d'un autre Prophète.

Dans Mirqat al mafatih, Mula al qari a dit : « [Le shaytan ne peut prendre mon apparence] dans le commentaire de An Nawawi sur Muslim, le Qadi 'Iyad a dit :« Allah a privilégié le Prophète de sorte que sa vision par une personne est toujours vraie. Il a interdit au shaytan de se présenter selon son apparence de sorte qu'il ne mente pas par sa langue en rêve ». De même qu'Allah a pourvu les Prophètes de miracles, il a rendu impossible au shaytan de prendre leur forme, même à l'état d'éveil. Si cela arrivait, le vrai serait mélangé au faux. » [41]

Cette réponse pose cependant un autre problème. Le hadith implique-t-il que le shaytan ne puisse prendre que son apparence réelle ? ou bien, qu'il est impossible qu'il usurpe son identité dans l'absolu ? Comment donc celui qui ne l'a jamais vu pourrait-il le reconnaître ? S'il est vu avec une description autre que celle connue, est-ce que cette vision rejoint le hadith cité ?

Toutes ces questions font l'objet d'une divergence parmi les savants depuis l'époque des salaf.

Al Bukhari a rapporté de Ibn Sirin: « si quelqu'un lui rapportait avoir vu le Prophète, il lui demandait :« Décris-le moi ». S'il le décrivait selon des caractères qu'il ne connaissait pas, il disait : « tu ne l'as pas vu ».

Dans ce sens, le Qadi 'Iyad ibn Musa a dit : « Le hadith doit être compris comme s'appliquant à celui qui le voit selon la description qu'il avait dans sa vie et non selon une description différente de celle-ci. S'il voit quelqu'un avec une description différente, cette vision ne sera qu'une allusion et pas une réalité. »

Cette parole indique que s'il le voit sans un caractère avec lequel il est connu, comme la barbe, il ne l'aura pas vu réellement. Il aura juste vu une allusion à cette réalité.
Cependant, cet avis a été rejeté par nombre de savants qui ont considéré que la vision du Prophète est réelle, quelle que soit la forme et l'apparence dans laquelle il se montre au musulman.

An Nawawi a dit, en effet, commentant les paroles du Qadi 'Iyad précédemment citées : « Ce qu'il a dit est peu consistant. L'avis correct est que c'est celui qui est vu, que ce soit selon ses caractères connus ou non, comme l'a dit al Maziri. »

Al Qushayri a dit, ce dont le sens est : « Sa vision selon des caractères différents n'implique que ce ne soit pas lui réellement. Si une personne voit Allah selon une description dont Il est exempt et que la personne est certaine qu'Allah ne peut être décrit ainsi, cela n'enlèverait rien au fait qu'il L'ait vu réellement. Plutôt, cette vision doit être interprétée »

Le hafiz ibn Hajar a concilié les deux positions, considérant que les premiers ne nient pas que c'est lui qui ait été vu mais que cette vision demande seulement une interprétation des experts de la science des rêves.

Dans fath al bari : « Ce qui me semble correct est de concilier les deux positions. C'est-à-dire, si on le voit selon ses caractères ou la plupart de ses caractères connus, il l'a certes vu en vrai, même si ses autres caractères sont divergents. Celui qui le voit selon son apparence entière, sa vision est réelle et il n'y a point besoin d'interprétation. C'est ce qui est visé par le hadith [Il m'a certes vu]. Et cela, malgré que dans cette apparence complète, il peut y avoir des caractères manquants. L'interprétation de ce hadith inclut ce cas de figure. De sorte, il est possible de dire dans l'absolu que quiconque le voit, dans n'importe quel cas de figure, l'aura vu en réalité. »

Et donc, la différence de caractères par rapport à ce qui est connu de lui doit être attribuée à celui qui le voit, car l'image dans laquelle il l'aura vu renvoie à son état intérieur.

Al Laqqani a dit en ce sens : « Quiconque le voit à son état réel et sa description connue, cela indique sa piété et le fait qu'il aura le dessus sur ses ennemis... celui qui le voit avec un caractère différent ou un défaut sur son corps, cela démontre des failles dans sa religion. En effet, il est le miroir de tout ce à quoi il fait face même si son essence est à sa meilleure station et à sa perfection » [42]

Il t'apparaît donc que les savants, sur des générations et des siècles, n'ont jamais remis en cause la possibilité et l'occurrence de la vision des Prophètes à l'état d'éveil. Bien au contraire, nous ne connaissons que le nom d'un seul savant ayant réfuté cette vision et il s'agit du savant yéménite Hussayn al Ahdal (mort en 855). Or, la possibilité légale et rationnelle de cette vision est confirmée par son occurrence empirique. De nombreux savants et pieux, dont il est impossible de remettre en cause les propos, en attestent directement.

Dans *Khilasatul athar*, l'imam al Muhibbi a dit, à la biographie du shaykh Ibrahim al Laqqani : « Shihah al Bashishiy a dit : « parmi les prodiges dont les gens ont attesté de lui (c'est-à-dire al Laqqani), le fait que le savantissime, le shaykh al Hijazi se tint debout un jour durant son cours. Al Laqqani lui dit : « Tu pars ou tu restes ? » Il répondit : « je resterai un petit moment ». Il dit après cela : « Je jure par Allah, Ô Ibrahim, je suis resté à ton cours uniquement parce que j'ai vu le Messager d'Allah debout écoutant ton cours » [43]

Dans *al mizan al kubra*, al Sha'rani a dit de son shaykh as Suyuti : « J'ai vu de la main de Jalal ad din al Suyuti un écrit qui était avec un de ses compagnons, le shaykh 'Abd al Shadhili. Il l'avait envoyé à une personne qui lui demandait d'intercéder en sa faveur auprès du sultan Qaitbay. Il y était écrit : « Sache, mon frère, que j'ai rencontré le Messager d'Allah, jusqu'à maintenant, 75 fois, à l'état d'éveil et avec les yeux de la tête. Si je n'avais pas peur d'être voilé de lui par le fait d'entrer auprès des gouverneurs pour obtenir des miettes, j'aurais intercédé pour toi auprès du sultan. Mais je suis un homme, serviteur des hadiths du Prophète et j'ai besoin de lui pour authentifier les hadiths que les experts de cette science ont rendus faibles selon leur méthode. Je ne doute point que ce bénéfice soit plus grand que ton bénéfice, mon frère »[44]

Dans *al mawwahib al laduniyyah*, al Qastalaniy a dit : « J'ai vu dans le livre *minah al ilahiyah fi manaqib al sadat al wafa'iyah* à propos de sidi 'Ali Ibn Sidi Muhammad al Wafa qu'il a dit : « quand j'étais un garçon de cinq ans, j'apprenais le Coran auprès d'un homme s'appelant shaykh Ya'qub. Je vins un jour et je vis un homme qui récitait devant lui la sourate ad duha. Il avait un compagnon qui inclinait sa tête. Ce compagnon riait d'étonnement. Je vis alors le Prophète à l'état d'éveil et non en sommeil et il portait un habit blanc en coton. Je vis ensuite sur moi un habit blanc et il me dit : « Lis ». Je lus alors la sourate al duha et al sharh. Il disparut ensuite. Quand j'atteignis l'âge de vingt et un ans, je commençai la prière à Qarafah pour la prière de *subh* et je vis le

Prophète devant moi. Il me fit une accolade et me dit : « Quant au bienfait de ton seigneur, proclame-le ». Il me fut donné dès lors son éloquence. ».

Al Qastallani ajoute à cela ; « Il est clair que cette vision était aussi à l'état d'éveil » [45]

L'imam des malikites de son temps, le shaykh 'Ali al Ajhuri a dit dans *al nur al wahhaj* : « Il nous est parvenu du shaykh Abul Hassan al Shadhili et de son disciple Abul 'Abbas al Mursi et d'autres qu'eux qu'ils disaient : « Si la vision du Prophète m'était impossible un seul instant, je ne me compterais pas parmi les musulmans. » Il a dit de même : « Confirme cette histoire du shaykh jalal ad din al Suyutiy (à savoir qu'il voyait le Prophète à l'état d'éveil), ce qui est célèbre de sidi Muhammad ibn Zayn, le poète du Messager d'Allah. Il le voyait à l'état d'éveil et les yeux ouverts. Quand il fit le hajj, il lui parla de l'intérieur de sa tombe. Il ne cessa d'être à cette station jusqu'à ce qu'un homme lui demandât d'intercéder pour lui auprès du gouverneur du pays. Quand le gouverneur le fit entrer et asseoir sur le tapis, sa vision du Prophète s'estompa. Il ne cessa de demander de le voir pendant longtemps jusqu'à ce qu'il le vît un jour, mais de loin. Il lui dit : « Tu veux me voir alors que tu t'assois sur le tapis des injustes ? tu ne peux avoir accès à cela » il ne fut pas rapporté après cela qu'il le vit jusqu'à sa mort.[46]

Fin de l'article tiré du site ahlulmadinah.fr

L'Imam le Cheikh 'Izzdin ibn Abdsalem a dit dans Qawa'id El Koubra : « Il a été dit par Ibn Hajj dans le Madkhal : " La vision du Prophète Mohamed aleyhi salat wassalam à l'état de veille est une porte étroite et il en est peu à qui cela survient. Cela n'arrive qu'à ceux qui ont des qualités rares à trouver et à cette époque, au contraire, elles sont le plus souvent inexistantes. Mais aussi, en aucune manière, nous ne nous opposons envers celui à qui cela survient parmi les grands. Ceux qu'Allah a préservé dans leur intérieur et leur apparence".

L'Imam Suyuti qui affirme l'avoir vu plus de soixante-dix fois et qui, suite à ces visions, a écrit le livre Illumination de l'obscurité concernant la vision du Prophète et de l'Ange. L'Imam Suyuti, dans son livre Nouzoul 'Issa fî Akhir al Zaman, prouve que parmi les voies des connaissances se trouve le fait que l'on peut recevoir directement un enseignement du Prophète car il peut être vu et rencontré à l'état de veille.

Suyuti dit : "Des questions ont été soulevées sur la vision du Prophète par les gens du hal à l'état d'éveil. Une partie des gens de ce temps, que personne n'a précédé dans la science, s'est mis à la négation de cela, à s'en étonner et à dire que cela est impossible. J'ai écrit cette œuvre et je l'ai appelée, "l'éclairage des yeux sur la possibilité de voir le Prophète et les Anges". Nous verrons plus loin la fatwa complète à ce sujet.

Imam al Alusi, dans son tafsir de référence dit : « Cela est possible à l'unanimité avec l'âme du Prophète. Et cela n'est pas une bid'a (innovation) car la vision du Prophète après sa mort est arrivée à plusieurs awliyas de cette Communauté et ils ont appris de lui à l'état d'éveil. »

Sources :

[1] Sourate Hud, versets 69, 70

[2] Sourate al 'ankabut, v 33

[3] Sourate Maryam, v 17, 18 et 19

[4] Sourate Hud, v 71, 72 et 73.

[5] Sourate Hijr, v 67, 68, 69 et 70

[6] Rapporté par Muslim, livre de la foi, chapitre de l'islam, de la foi et de l'ihsan

[7] Sahih Muslim, livre du repentir, chapitre de la persistance au repentir

[8] Qut al mughtadhiy 'ala jami' al Tirmidhiy, volume 3, page 165, Editions Dar al kutub al 'ilimiyyah (DKI)

[9] Sahih Muslim, livre des mérites des sahaba, chapitre sur les mérites de Umm Salamah

[10] Al Minhaj bi sharh Sahih Muslim, volume 16, page 8, Editions DKI

[11] Musnad Ahmed, livre des mérites des compagnons, les mérites de 'Aishah, n.° 1583

[12] Musnad Ahmed, livre des mérites des compagnons, les mérites de harithat ibn Nu'man, n° 1462

[13] Al Haba'ik fi akhbar al mala'ik, page 271, Editions DKI

[14] Sourate al sajdah, verset 12

[15] Bahr al 'ulum, volume 3, page 33, Editions DKI

[16] Tashil li 'ulum al tanzil, volume 2, page 180, editions DKI

[17] Sahih Muslim, livre de la foi, chapitre du voyage nocturne

[18] Sharh 'aqa'id al nasafiyah page 132, Editions ihya' al turath al 'arabiyah

[19] Tuhfah al murid, page 229, éditions al Quds

[20] Futuhat al ilahiyyah al wahhabiyah, sharh ida'ah al dujunah, page 327, Editions DKI

[21] Jam' al jawami', page 389, Editions Dar ibn Hazm

[22] Fath al bari, sharh sahih al Bukhari, volume 7, page 443, Editions DKI

[23] Sahih al Bukhari, livre de la vision

[24] Fath al bari, volume 123, page 401, Editions DKI

[25] Bahjah al nufus, sharh Mukhtasar Sahih al Bukhari, volume 4, pages 237 et 238, Editions dar al jil

[26] Al Madkhal, volume 2, page 152, Editions DKI

[27] Al tadhkirah fi ahwal al mawta wa umur al akhirah, page 127 al qamar

[28] Fath al bari, volume 8, page 4, editions DKI

[29] Fath al bari, volume 13, page 329, éditions DKI

[30] Al Hawi lil fatawi, volume 2, page 154, éditions DKI

[31] 'Umdah al murid, sharh jawhrah al tawhid, volume 4, page 2263

[32] Fatawa al hadithiyah, page 511, Editions DKI

[33] Fayd al qadir fi sharh jami' al saghir, volume 4, page 358, editions DKI

[34] Jam' al wasa'il fi sharh al shama'il, chapitre de la vision du Prophète

[35] Fath al 'Aliy al Malik, pages 92-93

[36] Ruh al ma'ani fi tafsir qur'an al 'azim wal sab' al mathani, volume 22, page 35

[37] Al ruh, page 117, Editions DKI

[38] Rapporté par al Bazzar. Al haythami a dit : « ses hommes sont tous des rapporteurs dans les 2 Sahih »

[39] Sahih Muslim, chapitre portant sur le hadith « je suis passé près de Musa... »

[40] Mujmu' al fatawa ibn Tayymiyah, volume 5, page 527, Editions DKI

[41] Mirqat al mafatih, sharh mishkat al masabig, volume 8, page 328, Editions DKI

[42] 'Umdat al murid, sharh jawharah al tawhid, volume 4, page 2262, éditions DKI

[43] Khilasatul athar fi a'yan al qarn al hadi 'shar, volume 1, page 16, Editions DKI

[44] Mizan al kubra,volume 1, page 55, Editions DKI

[45] Al mawwahibb al laduniyyah, volume 2, page 373, editions maktabah al tawfiqiyah

[46] Al nur al wahhaf fil kalam 'ala al isra' wal mi'raj, page 336 et 337, editions DKI

Partie 2 : L'illumination des ténèbres sur la possibilité de voir les Prophètes et les Anges à l'état d'éveil par l'imam Suyuti

Tanwir al Halak fi imkan ru'yah al ambiya wal malak

Voici la Fatwâ de l'Imam As-Suyuti qui fera taire les âmes belliqueuses niant la vision du Prophète à l'état d'éveil différente de celle en rêve. Leur prétention s'explique par l'éloignement de leurs cœurs du Seigneur du Trône, éloignement aussi grand que la distance séparant le Lotus Suprême du mont Everest. Cette fatwâ se trouve dans son livre "al-hâwî li al-fatâwî" (Vol.2, p.-255-269)

Al Nafrawi a dit : « Il est permis de voir le prophète Mohamed aleyhi salat wassalam à l'état d'éveil (yaqaza) ainsi qu'en rêve, selon le consensus des maîtres du hadith (Huffaz). Ils n'ont divergé que sur le fait de savoir si ce qu'on voyait était sa noble entité véritable ou bien une figuration qui en tient lieu ? » (Al Fawakih al Diwani, vol 2 p 360)

Le maître juriste, Imam Abderahman Al Suyuti al Chafihi Al Shadilhi dit :

Au nom d'Allah, le Tout-Miséricordieux, le Très-Miséricordieux. Louanges à Allah et que le salut soit sur ses serviteurs qu'il a élus. Pour commencer : Les questions se multiplient concernant la vision de la vision du Prophète parmi les Gens des Etats (arbâb al-ahwâl) à l'état d'éveil. Un groupe de cette époque, ceux qui n'ayant pas pied dans la science, rejette vigoureusement ceci et prétendent également que cela est une impossibilité (mustahîl).

J'ai donc écrit quelques feuillets concernant cela et je l'ai nommé « Lumière sur l'obscurité concernant la possibilité de la vision de Prophète et d'Ange » (tanwîr al-halâk fî imkânî ruy'at an-nabiyy wa al-malak)

Nous commencerons par le hadîth rapporté concernant cela : Al-Bukhârî, Muslim, Abû Dâwud ont rapporté d'après Abû Hureyrah qu'il a dit : « Le Messager d'Allah a dit : « Celui qui me voit dans son rêve me verra à l'état d'éveil (al-yaqaza) et Shaytân ne peut pas prendre mon apparence. »

Et l'a rapporté similairement At-Tabarânî d'après le hadîth de Mâlik ibn 'Abdallah Al-Khash'amî, et d'après le hadîth d'Abû Bakrah. Et l'a rapporté similairement Ad-Dârimî d'après le hadîth d'Abû Qatâdah [Al-Ansârî]

Les savants disent : Il y a divergence concernant la signification de ses paroles {me verra à l'état d'éveil (al-yaqaza) }. Il fut dit la signification de cela est : « Il me verra le jour du Jugement », et cet avis est critiqué comme étant futile car c'est une mention spécifique (takhsîs) alors que toute sa Communauté le verra le jour du Jugement, ceux l'ayant déjà vu et ceux ne l'ayant pas vu.

Et il fut dit la signification est : « ceux qui ont confiance en lui durant son vivant et qui ne l'ont pas vu car ils n'étaient pas présents ont la bonne nouvelle qu'ils le verront à l'état d'éveil (yaqaza) avant qu'ils ne meurent. » Un groupe a dit que la signification est littérale et que quiconque le voit dans son rêve le verra à l'état d'éveil (yaqaza) - c'est-à-dire : avec ses yeux (litt : avec sa tête). Et il fut dit : [Il le verra] avec l'œil du cœur, ces deux opinions étant rapportées du Qâdî Abû Bakr ibn Al-'Arabî.

Et Al-Imâm Abû Muhammad ibn Abî Jamrah a dit dans ses annotations sur les ahâdith choisis dans le Bukhârî : « Ce hadîth prouve que celui qui le voit dans son rêve le verra à l'état d'éveil (yaqaza). Est-ce que cette déclaration est générale durant son vivant et après sa mort ou est-ce seulement durant son vivant ? Et est-ce pour quiconque le voit ou est-ce spécifique pour ses partisans suivant sa Sunnah ? La formulation semble générale et quiconque prétend que cela est spécifique sans qu'il ne l'a spécifié a alors transgressé (mut'assaf) »

Et il a dit : « Certains parmi les gens refusèrent le cas général. Et ils dirent de part ce que leur intelligence leur permet : « Comment quelqu'un de vivant peut-il voir un mort dans le monde visible ? »

Il répondit : Cette parole lève deux possibilités dangereuses.

La première : Le refus de sa parole véridique qui ne parle pas sous l'effet de la passion.

La deuxième : L'ignorance du pouvoir de Tout-Puissant. Et ils sont affaiblis comme ils n'ont pas entendu dans la sourate Al-Baqara l'histoire de la vache et comment Allah a dit : { Frappez-le avec un de ses membres. C'est comme cela qu'Allah ressuscite les morts } et l'histoire d'Ibrâhim avec les quatre oiseaux, et l'histoire de 'Uzayr. Ceux qui frappèrent la vache morte avec un membre de la vache cela étant la cause de sa résurrection, et l'invocation que fit Ibrâhim est la cause de la résurrection des oiseaux, et l'abasourdissement de 'Uzayr est la cause de sa mort et de celle de son âne puis ils furent ressuscités après cent ans. Il est donc possible que sa vision dans un rêve soit la cause de sa vision à l'état d'éveil (yaqaza).

Et il est rapporté d'après certains compagnons - je pense Ibn 'Abbâs - qu'il vit le Prophète dans un rêve puis il se rappela de ce hadîth et n'arrêtait pas d'y penser alors il alla voir une des épouses du Prophète - je pense Maymûna - et lui raconta son histoire. Alors elle se leva et apporta son miroir et il dit : « Je vois dans le miroir l'image du Prophète et je ne vois pas mon reflet »

Il dit : « Il est rapporté d'après certains prédécesseurs (salaf) et ceux qui les suivirent (khalaf) et ainsi de suite [dans la Communauté] qu'ils le virent dans un rêve et il croyaient fermement en ce hadîth et le virent après cela [leur rêve] à l'état d'éveil et lui posaient des questions qui leur étaient problématiques et il résolvait leurs ambiguïtés et les informaient de la manière par laquelle ils devaient surmonter la difficulté et cela est survenu comme cela sans ajout ni diminution. »

Il a dit : « Le refus de cela (la vision du Prophète) n'est pas aussi simple. Il y a ceux qui croient aux prodiges (karâmât) des awliyas (alliés/amis d'Allah, saints) et ceux qui les refusent. Concernant ceux qui refusent, il n'y a pas besoin de débattre avec eux car ils refusent ce qui est fermement établi dans la Sunnah avec des indications claires. Quant à ceux qui y croient, alors cela est comme un dévoilement (kashf) aux saints de la vision des choses des mondes (al-'âlamîn) d'en haut et d'en bas. On ne peut donc refuser cela (la vision du Prophète) tout en attestant de cela (le dévoilement des choses des mondes). » Fin de citation des paroles d'Ibn Abî Jamra.

Et sa parole : Et cela est général et n'est pas une particularité de ceux qui sont ses partisans et qui suivent sa Sunnah sa signification et l'occurrence de la vision est promise à l'état d'éveil (yaqaza) pour ceux qui le voit dans un rêve même si ce n'est qu'une seule fois et cela vérifie sa noble promesse qui ne se brise pas. Et pour beaucoup cela se produit beaucoup parmi les gens du commun avant la mort durant l'agonie ; son âme ne quitte pas son corps tant qu'il ne le voit pas et cela tient sa promesse. Quant aux autres, ils reçoivent la possibilité de le voir durant leur vivant fréquemment ou rarement tout cela dépendamment de leurs efforts et leur préservation sur la Sunnah et la transgression de la Sunnah est un empêchement énorme.

Muslim a rapporté dans son authentique d'après Mutarrif qu'il a dit : « Imrân ibn Husayn m'a dit : « Par ailleurs on me saluait jusqu'à ce que je me cautérisai. Puis, on ne me salua plus. Ensuite, ayant abandonné la cautérisation, cela reprit. » Et Muslim a rapporté d'après d'un autre d'après Mutarrif qui a dit : « Imrân ibn Husayn m'envoya durant sa maladie de laquelle il est mort et dit : « Je te rapporte certains hadîths en espérant qu'Allah t'en fera profiter après moi. Si je survis, ne dévoile pas mon secret. Mais si je meurs, tu peux les rapporter à volonté : Sache qu'on m'a salué. »

An-Nawawî a dit dans son commentaire du Muslim : « La signification du premier hadith est que 'Imrân ibn Husayn souffrait des hémorroïdes et endurait le mal. Les Anges le saluaient alors. Puis lorsqu'il se cautérisa, ils cessèrent de le saluer. Ensuite, il renonça à la cautérisation et les Anges reprirent sa salutation. »

Il dit [également] : « Et sa parole { Si je survis, ne dévoile pas mon secret. } : Il entend par cela le fait qu'il recevait le salut [des Anges]; et il n'aimait pas que cette information se répande de son vivant par crainte de s'exposer aux sentiments de suffisance et d'orgueil. Chose qu'il ne risquait pas une fois mort. »

Al-Qurtubî a dit dans le commentaire du Muslim : « Cela signifie que les Anges le saluaient par respect envers lui et ils le respectaient jusqu'à ce qu'il se cautérise, alors ils arrêtèrent de le saluer. Il y a donc dedans [ce hadîth] l'établissement des prodiges [karâmât] des saints [awliyas]. » Fin de citation.

Al-Hâkim a rapporté dans le « Mustadrak » en l'authentifiant d'après la voie de Mutarrif ibn 'Abdallah d'après 'Imrân ibn Husayn qui a dit : « Saches, Ô Mutarrif que les Anges me saluaient au-dessus de ma tête et dans la maison et à la porte de la chambre. Lorsque je me cautérisa ils arrêtèrent cela. » Il dit : « Il justifia alors ses paroles » Il dit : « Saches, Ô Mutarrif qu'ils revinrent lorsque j'ai arrêté cela. Gardes cela jusqu'à ma mort. »

Observez comment 'Imrân était voilé du fait d'entendre le salut des Anges à cause de sa cautérisation et la nécessité qu'il dévoile que la cautérisation est contraire à la Sunnah.

Al-Bayhaqî dans Shu'ab al-imân a dit de la cautérisation : « Si la cautérisation était prohibée de manière strictement interdite, 'Imrân ne se serait pas cautérisé tout en sachant cette prohibition. Plutôt, elle est déconseillée (makrûh) et il se distinguait par le fait que les Anges le saluaient et il était chagriné de cela puis il dit ces paroles, puis rapporta qu'ils revinrent avant sa mort. » Fin de citation.

Ibn Al-Athîr a dit dans « An-Nihâya » : « Cela signifie que les Anges le saluaient et que la cautérisation est la raison pour laquelle ils s'arrêtèrent de le saluer. Cela car la cautérisation obstrue le tawakkul, la remise en Allah, la patience dans l'affliction du serviteur et la recherche de la guérison auprès de lui. Et cela n'empêche pas que la cautérisation soit permise, mais elle s'oppose au tawakkul et cela est un degré élevé à l'opposé direct des causes (asbâb). »

Ibn Sa'd a rapporté dans « At-Tabaqât » d'après Qatâda : Les Anges serraient la main de 'Imrân ibn Husayn jusqu'à ce qu'il se cautérise ; alors ils s'éloignèrent de lui.

Abû Nu'aym dans « Dalâ'il an-nubuwwa » d'après Yahyâ ibn Sa'îd Al-Qattân qui a dit : « Que nous est-il parvenu de meilleur concernant la vision (miraculeuse) des compagnons que celle de 'Imrân ibn Husayn qui reçut pendant trente ans le salut des Anges à l'intérieur de sa maison ? »

At-Tirmidhî a rapporté dans sa biographie, Abû Nu'aym, et Al-Bayhaqî dans « Dala'il an-nubuwwa » d'après Ghazali qui a dit : « Imrân ibn Husayn nous ordonnait de nettoyer la maison et on entendait : « Salut sur vous ! Salut sur vous ! » et nous ne voyions personne. At-Tirmidhî a dit : « Cela est la salutation des Anges ».

Et la preuve de l'Islâm Abû Hâmid Al-Ghazâlî dans le livre « Al-Munfîdh min Ad-Dalâl » a dit : « Puis lorsque je finis avec ce genre de savoir je me suis intéressé à la voie des soufis (tarîqa as-sûfiyya). Je mentionne ce qui peut être profitable à travers cela; J'ai su avec certitude (yaqîn) que les Soufis sont ceux qui suivent uniquement la voie d'Allah, leur mode de vie est le meilleur de tous, leur voie est la voie la plus droite et leur éthique la plus pure. Que l'on additionne donc la raison des raisonnables, la sagesse des sages, la science des savants de la Loi pour changer une seule chose de leur voie ou de leur comportement et le remplacer par quelque chose de meilleur, on ne pourrait pas le faire ! Car tout ce qui, en eux, bouge ou repose, leur apparence et leur for intérieur, tout s'allume à la lumière de la Prophétie dans sa niche (lampe niche). Et il n'y a pas d'autre Lumière de la prophétie sur la face de terre. » Jusqu'à ce qu'il dise : « En état de veille, ils contemplent les Anges et les esprits des Prophètes ; ils entendent leurs voix et profitent de leurs conseils. Puis ils se haussent, de la vision d'images et de symboles, à des degrés ineffables.

Nul ne peut tenter d'exprimer ces états d'âme, sans courir à l'inévitable échec. » Voilà les paroles d'Al-Ghazâlî.

Et son élève, le Qâdî Abû Bakr ibn Al-'Arabî, qui fait partie des sommités des imâms malikites a dit dans le livre « Qânûn at-ta'wîl » : « Les Soufis ont constaté que ce qui se produit parmi les gens pour celui qui parvient à assainir son âme en purifiant son cœur, rompant tout attachement ainsi qu'en renonçant à tout intérêt lié aux causes de ce monde (comme) la renommée, les biens, commerces, les relations charnelles et la faim en se tournant vers Allah le Très-Haut entièrement, d'une science continue tout en persévérant dans l'application, alors les cœurs sont dévoilés, les Anges ainsi que les esprits des Prophètes sont vus et entendus. »

Puis Ibn Al-'Arabî dit concernant cela : « La vision des Prophètes et des Anges et l'audition de leurs paroles est un prodige possible pour les croyants et pour les mécréants c'est une punition. » Fin de citation

Le Shaykh 'Izz ad-Dîn ibn 'Abd As-Salâm a dit dans « Al-qawâ'id al-kubrâ » : « Ibn Al-Hâjj a dit dans « Al-Madkhal » : « La vision du Prophète à l'état d'éveil (yaqaza) est une porte étroite et il en est peu à qui cela survient. Cela n'arrive qu'à ceux qui ont des qualités rares à trouver et à cette époque, au contraire, elles sont le plus souvent inexistantes. Mais aussi, en aucune manière, nous ne nous opposons envers celui à qui cela survient parmi les grands. Ceux qu'Allah a préservé dans leur intérieur et leur apparence ».

Il a dit : « Certains savants exotériques ont critiqué le fait de pouvoir voir le Prophète à l'état de veille en prétextant ceci : « L'œil éphémère ne peut voir l'œil éternel et certes le Prophète est dans la demeure éternelle alors que celui qui le voit est dans la demeure éphémère » Or Sayyidî Abû Muhammad ibn Abî Jamrah (qu'Allah l'agrée) a résolu ce problème et il a dit que : « Le croyant lorsqu'il meurt verra Allah, alors que Lui ne meurt pas et que un seul d'entre eux mourra chaque jour 70 fois » Fin de citation

Le Qâdî Sharaf Ad-Dîn Hibat Allah ibn 'Abd Ar-Rahîm Al-Bârizî dans le livre « Tawthîq 'urâ al-imân » : 'Al-Bayhaqî a dit dans le livre « Al-I'tiqâd » : « Les Prophètes après que leurs soient prises leurs âmes, leurs sont rendus et sont vivants auprès de leur seigneur comme les martyrs et il notre prophète lors de la nuit du Mi'râj a vu certains d'entre eux, et ses propos – et ses propos sont véridiques que nos prières lui sont présentées et nos salutations transmises. Et Allah a interdit à la terre de manger la chair des Prophètes. »

Al-Bâzirî a dit : « Et il été entendu de la part de certains saints (awliyas) de notre temps et avant eux qu'ils virent le Prophète à l'état d'éveil (yaqazah) vivant après son départ. »

Il a dit : « Cela a été mentionné par le Shaykh, l'Imâm, le Shaykh Al-Islâm Abû Al-Bayân Nabâ ibn Muhammad ibn Mahfûz Ad-Dimashqî dans son « Nazîmat ». Fin de citation.

Le Shaykh Safî Ad-Dîn ibn Abî Mansûr dans sa « Risâla » et le Shaykh 'Afîf Ad-Dîn Al-Yâfi'î dans « Rawd ar-rayâhîn » : « Le très grand shaykh, le modèle des shuyûkh des connaissants, la bénédiction de son temps Abû 'Abdallah Al-Qurashî : « Une grande hausse de prix est survenu en Égypte, je m'orientais pour invoquer quand on me dit : « N'invoques pas ! Aucun d'entre vous ne sera entendu concernant cette affaire dans les invocations » Je me suis alors rendu au Shâm quand je suis arrivé proche du sanctuaire de l'Ami Intime, et l'Ami Intime m'accueilli et je dis : « Ô Messager d'Allah ! Prend en charge auprès de toi les invocations pour les Egyptiens, alors il invoqua pour eux et Allah les sauva. »

Al-Yâfi'î a dit : « Sa parole 'L'Ami Intime m'accueilli : Ce sont des propos véridiques et personne ne les renient si ce n'est un ignorant de la ma'rifah qui les réfute à travers les états dans lesquels on visionne les mondes des Cieux et de la Terre, voient les Prophètes vivants et non morts de la même manière que le Prophète vit Moussa sur terre, et il vit également certains Prophètes dans les Cieux et entendit leurs conversations, et il est établi que ce qui est possible pour les Prophètes en tant que miracle est possible pour les saints (awliyas) en tant que prodiges si ce n'est la condition du défi (inhérente au miracle d'un Prophète). » Fin de citation.

Le Shaykh Sirâj Ad-Dîn ibn Al-Mulaqqin dans « Tabaqât al-awliyâ » : « Le Shaykh 'Abd Al-Qâdîr Al-Kîlânî [Al-Jilânî] a dit : « J'ai vu le Messager d'Allah avant le Zuhr et il me dit : « Ô fils ! Pourquoi ne parles-tu pas ? » Je dis : « Ô mon père ! Je suis un étranger, comment pourrais-je parler comme les éloquents de Baghdâd ? » Il dit alors Ouvres ta bouche alors je lui ouvris et il crachota dedans sept fois et il dit « Parles aux gens et invite les à la voie de ton Seigneur avec sagesse et avec de bonnes exhortations. » J'ai alors prié le Zuhr et je me suis assis et beaucoup de gens furent en ma présence et je me mis alors à tressaillir, j'ai alors vu 'Alî debout dans l'assemblée et me dit : « Ô fils ! Pourquoi ne parles-tu pas ? » Je dis : « Ô mon père ! Je tremble ! » Il répondit alors : « Ouvres ta bouche » Je lui ouvris alors et il crachota dedans six fois. J'ai dit : « Pourquoi ne complètes-tu pas par sept (fois) ? » Il dit : « Par convenance envers le Messager d'Allah puis il disparu de mon champ de vision. Je dis alors : « Je me sentais comme plongé dans le cœur de l'océan splendide de connaissance qui florissaient dans mon intérieur faisant que les réalités m'étaient rendues saisissables [...] »

Et dans la présentation du Shaykh Khalîf ibn Mûsâ An-Nahramalakî « Il (Al-Jilânî) voyait beaucoup le Messager d'Allah à l'état d'éveil et durant le sommeil. Il reçut beaucoup d'ordres de lui à l'état d'éveil et durant le sommeil. Il l'a vu durant une seule nuit soixante-dix fois, il lui dit durant l'une d'entre elles : « Ô Mon Khalîf ! Ne t'ennuie pas de moi ! Beaucoup de saints meurent en espérant me voir. »

Et Al-Kamâl Al-Udfuwî dans « At-tâli' as-sa'îd » dans sa présentation de As-Safî Abî 'Abdallah Muhammad ibn Yahyâ Al-Aswânî visiteur d'Akhmîm parmi les compagnons d'Abî Yahyâ ibn Shâfi' : « Plus connu par (le nom) Salâh, il a des dévoilements et des prodiges. A écrit de lui Ibn Daqîq

Al-'Îd, ibn al-Nu'mân et Al-Qutb Al-'Asqalânî. Et il est mentionné qu'il voyait le Prophète et qu'il le rencontrait.»

Le Shaykh 'Abd Al-Ghaffâr ibn Nûh Al-Qûsî dans son livre « Al-wahîd » a dit : « Parmi les compagnons du Shaykh Abû Yahyâ Abû 'Abdallah Al-Aswânî résidant à Akhmîm ils rapportent qu'il voyait le Messager d'Allah chaque heure à tel point qu'il n'y avait pas une heure où il ne rapportait pas de lui. »

Et il dit également dans « Al-wahîd » : « Quand le Shaykh Abû Al-'Abbâs Al-Mursî était proche du Prophète, lorsqu'il saluait le Prophète il lui répondait et lui répondait lorsqu'il parlait avec lui. »

Le Shaykh Tâj Ad-Dîn ibn 'Atâ' Allah a dit dans « Latâ'if al-minan » : « Un homme a dit au Shaykh Abû Al-'Abbâs Al-Mursî : « Ô mon maître ! Serre-moi la main par cette paume qui est la tienne car tu as rencontré deux hommes et deux terres. Il dit alors : « Par Allah ! Je ne serre la main par cette paume-ci qu'au Messager d'Allah. Il dit : Le Shaykh a dit : « Si le Messager d'Allah m'était caché durant un clin d'œil je ne me compterais pas parmi les musulmans durant cet instant. »

Et le Shaykh Safî Ad-Dîn ibn Abî Mansûr dans sa « Risâla » et le Shaykh 'Abd Al-Ghaffâr dans « Al-wahîd » : « Il est parvenu du Shaykh Abî Al-Hassan Al-Wanânî qui a dit : M'a rapporté le Shaykh Abû Al-'Abbâs At-Tanjî qui a dit : Je suis arrivé à Sayyidî Ahmad ibn Ar-Rifâ'î et il m'a dit : « Je ne suis pas ton Shaykh, ton Shakh est 'Abd ArRahîm de Qinâ, alors je voyagea vers Qinâ, j'ai alors rendu visite au Shaykh 'Abd Ar-Rahîm et il me dit : «

Connais-tu le Messager d'Allah ? » Je dis : « Non. » Il dit :
« Restes dans Bayt Al-Maqdis jusqu'à ce que tu connaisses
le Messager d'Allah » Lorsque je mis mon pied dans les
cieux, la terre, le Trône et le Kursî étaient rempli du
Messager d'Allah. Je me rendis alors vers le Shaykh qui me
dit : « Connais-tu le Messager d'Allah ? » Je répondis : «
Oui. » Il dit : « Tu as complété ton cheminement. Les pôles
(aqtâb) ne sont pas pôles, les piliers (awtâd) ne sont pas
des piliers et les saints (awliyas) ne sont pas des saints si
ce n'est par sa connaissance spirituelle (ma'rifah). »

Il dit dans « Al-wahîd » : « Parmi ceux qui l'ont vu à la
Mecque, il y a le Shaykh 'Abdallah AdDalâsî. Il m'a
rapporté qu'aucune de ses prières n'étaient valide durant
sa 'Umra sauf une. Il a dit : « Cela était quand j'étais dans
la Mosquée Al-Harâm durant la prière du subh alors quand
l'imâm est entré en sacralisation (pour la prière) et je
me suis sacralisé (pour la prière) on m'a tiré et j'ai
alors vu le Messager d'Allah prier en tant qu'imam et
derrière lui étaient les dix (promis au paradis) et j'ai alors
prié avec eux. Cela survint en l'an 673 (H). Il récita alors
dans la première unité la sourate Al-Muddatthir et dans la
deuxième { Sur quoi s'interrogent-ils mutuellement ? }
(S.78). Lorsqu'il salua, il invoqua par cette invocation : « Ô
Allah fait de nous des guides et des bien-guidés et non des
égarés égareurs [...] il n'y a pas de divinité si ce n'est Toi »
Quand le Messager d'Allah eu finit, l'imam salua et je pris
alors conscience de son salut et je salua. »

Le Shaykh Safî ad-Dîn dans sa « Risâla » : « Le Shaykh Abû
Al- 'Abbâs Al-Harrâr m'a dit : J'ai rendu une fois visite au
Prophète et je le trouvai en train d'écrire des lettres

patentes (manâshîr) aux saints concernant la sainteté et il écrivit à mon frère Muhammad et il y avait dedans une lettre patente disant : « Le frère le très grand Shaykh dans la sainteté et il y a sur son visage une lumière qui ne cache à personne qu'il est un saint. » Je demandai alors au Shaykh concernant cela et il dit : « Le Prophète insuffla sur son visage et c'est ce souffle qui lui donna cette lumière. »

Le Shaykh Safî Ad-Dîn a dit : « J'ai vu le très grand majestueux Shaykh Abû 'Abdallah Al-Qurtubî qui est une sommité parmi les compagnons du Shaykh Al-Qurashî qui résida longtemps dans la ville prophétique. Et le Prophète lui répondait et retournait le salut. Il apporta au Messager d'Allah une lettre du roi Al-Kâmil qui disait qu'il devait s'en aller de Médine vers l'Egypte. Il dit : « Parmi ceux que j'ai vu en Égypte il y a le Shaykh Abû Al-'Abbâs Al-'Asqalânî qui était le compagnon intime du Shaykh Al-Qurashî, l'ascète d'Egypte de son temps, et beaucoup à la Mecque dirent qu'il visita une fois le Prophète et que le Prophète lui dit : « Reçois cela dans ta main de la part d'Allah, Ô Ahmad ! »

Et il est parvenu d'après un groupe de saints qu'un juriste les visita et qu'il rapporta ce hadîth. Le saint lui dit alors : 'Ce hadîth est faux.' Alors le juriste lui dit : Et d'où tiens-tu cela ? Il répondit alors : Ici se tient devant ta tête le Prophète et il dit : « Je n'ai jamais dit cela » Et il se montra au juriste qui le vit également.

Dans le livre « Minah al-ilâhiyya fî manâqib as-sâdat al-wafâyiyya » d'Ibn Fârîs il dit : « J'ai entendu mon maître 'Alî : J'avais cinq ans lorsque j'apprenais le Coran d'un homme qui s'appelait Shaykh Ya'qûb. Un jour, je suis allé le voir et j'ai vu le Messager d'Allah à l'état de veille et non pas en rêve et il portait un habit de coton et j'ai ensuite vu cet habit sur moi ; il me demanda alors de réciter du Coran alors j'ai récité les sourates Ad-Duhâ et { N'avons-Nous pas ouvert [ta poitrine..] } [S.94] Puis il disparut et je ne l'ai plus revu jusqu'à mes vingt-et-un ans. J'entamais la prière du subh à Qurâfa lorsque je vis le Prophète une nouvelle fois en face de moi qui me serra dans ses bras et me dit : Et quant au bienfait de ton Seigneur, proclame-le. J'ai été gratifié de sa parole depuis ce temps. » Fin de citation.

Parmi ces groupes : Hajj Sayyidî Ahmad Ar-Rifâ'î quand il s'arrêta à la chambre bénite (al-hujrah ash-sharîfah) [endroit où est enterré le Prophète] il chanta : « Dans l'éloignement, j'envoyais mon âme à ma place pour embrasser cette terre. Et voilà que le monde des esprits est présent, tends-donc tes mains pour que mes lèvres la reçoivent ! »   Alors il sortit sa main bénite de la tombe bénite et la prit.

Et dans le « mu'jam » le Shaykh Burhân Ad-Dîn Al-Biqâ'î a dit : « M'a rapporté l'Imâm Abu Al-Fadl ibn Abî Al-Fadl An-Nuwayrî que le Sayyid Nûr Ad-Dîn Al-Îjî père du Shérif 'Afîf Ad-Dîn se rendit au jardin béni (ar-rawd ash-sharîfa) [nom donné à la tombe du Prophète] et dit : « Que la Paix soit sur toi Ô Prophète ainsi que la miséricorde d'Allah et ses bénédictions. » Et une voix en sa présence de la tombe dit : « Et sur toi le salut Ô fils ! »

Et le Hâfiz Muhhib Ad-Dîn ibn Al-Najjâr dans son « Târikh » : « M'a rapporté Abû Ahmad Dâwud ibn 'Alî ibn Hibat Allah ibn Al-Muslima qui m'a rapporté Abû Al-Faraj Al-Mubârak ibn 'Abdallah ibn Muhammad ibn An-Naqqûr qui a dit : « Il m'est parvenu de notre Shaykh Abû Nasr 'Abd Al-Wâhid ibn 'Abd Al-Malik ibn Muhammad ibn Abî Sa'd As-Sûfî Al-Karakhî qui a dit : « J'ai effectué le pèlerinage et j'ai rendu visite au Prophète et j'ai dit : « Que le salut soit sur toi Ô Messager d'Allah ! » J'ai alors entendu une voix qui sortait de la pièce disant : « Et sur toi le salut Ô Abû Bakr ! » Et ceux qui étaient présents l'ont entendu [également].

Dans le livre « Misbâh az-zalâm fî al-mustaghîthîn bikhayr al-anâm » de l'Imâm Shams Ad-Dîn Muhammad ibn Mûssâ ibn Al-Nu'mân il est dit : « J'ai entendu Yûsuf ibn 'Alî Az-Zunânî qui rapporta d'une femme hâshimite d'un quartier de médine, que certains fonctionnaires lui faisaient du mal, et elle dit : « Je demandais de l'aide (fâstaghathu) au Prophète et j'entendis une voix du jardin (rawd) [tombe du Prophète] qui disait : « N'es-tu pas un bon exemple [à suivre] ? J'ai patienté comme tu as patienté » ou quelque chose de semblable. Elle dit : « Mon problème disparu et les trois fonctionnaires qui m'ont fait du mal moururent »

Et Ibn As-Sam'ânî dans « Ad-Dalâ'il » a dit : Nous a rapporté Abû Bakr Hiba Allah ibn Al-Farak, nous a rapporté Abû Al-Qâssim Yûsuf ibn Muhammad ibn Yusuf Al-Khatîb, nous a rapporté Abû Al-Qâssim 'Abd Ar-Rahmân ibn Umar ibn Tamîm Al-Mu'adib , nous narra 'Alî ibn Ibrâhim ibn 'Allân, nous rapporta 'Alî ibn Muhammad ibn 'Alî, nous a rapporté Ahmad ibn Al Haytham At-Tânî, m'a rapporté mon père d'après son père d'après Salama ibn Kuhayl d'après Abû Sâdiq d'après 'Alî ibn Abî Tâlib qui a dit : Un bédouin vint nous voir et se mit près de la tombe du Prophète après que le Messager d'Allah soit enterré, prit de sa terre et la mit sur sa tête et dit : Ô Messager d'Allah ! Tu as parlé et nous t'avons entendu. Tu recevais les ordres d'Allah et nous recevions des ordres de toi et parmi ce qu'Allah a fait descendre sur toi se trouve : { Si, lorsqu'ils ont fait du tort à leurs propres personnes ils venaient à toi en implorant le pardon d'Allah et si le Messager demandait le pardon pour eux, ils trouveraient, certes, Allah, Très Accueillant au repentir, Miséricordieux} Il est vrai que je me suis fait du tort à moi même et je viens à toi pour que tu demandes pardon pour moi. Et il lui fut averti depuis la tombe qu'il était pardonné.

Puis j'ai vu dans le livre « Muzîl ash-shubuhât fî ithbât al-karâmât » de l'Imâm le pilier de la religion Ismâ'îl ibn Hibat Allah ibn Bâtîs : « Et parmi les preuves concernant l'établissement des prodiges (karâmât) il y a les paroles rapportées des compagnons et des tâbi'în parmi eux il y à l'Imâm Abu Bakr As-Siddîq qui dit à 'Aisha : « Il y a tes deux frères et sœurs. » Elle dit alors : « Pour mes deux frères il y a ici : Muhammad et 'Abd Ar-Rahmân, qui est donc ma sœur alors qu'il n'y a personne si ce n'est Asmâ' ? ». Il dit alors : « [Habîba] Ibna Khârija est enceinte d'une fille et il est ancré dans mon cœur l'idée que c'est une fille (jâriya).» Et elle mit au monde Umm Kulthûm.

Et parmi eux Omar ibn Al-Khattâb avec l'histoire de Sariya où il proclama durant le sermon : « Ô Sariya ! La montagne ! La montagne ! » Alors Allah a fait entendre à

Sariya ses paroles alors qu'il était à Nahavand (ville en Iran). Et son histoire avec le Nîl (fleuve) en Egypte et lui écrivit une lettre et ruisselait après s'être arrêté (de ruisseler).

Et parmi eux 'Uthmân ibn Affân : 'Abdallah ibn Salâm a dit : « Puis je vins à 'Uthmân en échelle – et il était assiégé et dit alors : « Bienvenue à mon frère ! J'ai vu le Messager d'Allah devant cette lucarne et il dit : « Ô 'Uthmân t'ont-ils encerclés ? » Je dis « Oui. » Il dit : « T'ont-ils assoiffé ? » Je dis : « Oui. Alors il tint vers moi un sceau qui était rempli d'eau. J'ai étanché ma soif et je peux toujours sentir l'effet apaisant de cette eau entre ma poitrine et mes épaules. » Il dit alors : « Si tu le veux je te secourrais contre eux, et si tu le veux tu peux prendre l'iftar avec nous. » J'ai alors choisi l'iftar avec eux. » Et il fut tué ce jour. » Fin de citation.

Et cette histoire concernant 'Uthmân est bien connue (mashhûr) et est rapportée dans les livres de hadîth avec chaîne de transmission. L'a rapporté Al-Hârith ibn Abî Ussama dans son Musnad et d'autres a raisonnablement compris qu'il l'a vu à l'état d'éveil (yaqaza) et s'il ne l'avait pas compté parmi les prodiges (karâmât) [cela aurait été à l'état de sommeil] ; mais les visions durant le sommeil (rêves) sont possibles pour tout le monde et ne sont pas des évènements surnaturels qui sont comptés parmi les prodiges (karâmât) et [même] ceux qui nient les prodiges des saints (awliyas) ne renient pas ce fait. Et ce qu'a mentionné Ibn Bâtîs dans ce livre en disant : « Et parmi eux Abû Al-Hassan Muhammad ibn Sam'ûn Al-Baghdâdî As-Sûfî, Abû Tâhir Muhammad ibn 'Alî Al-'Alân : « J'étais en compagnie d'Abû Al-Hassan ibn Sam'ûn un jour dans une assise de prédication et il était assis sur sa chaire en parlant lorsque Abû Al-Fath Al-Qawwâsu s'assis à côté de la chaire et il a perdu connaissance et s'est endormi. Alors Abû Al-Hussayn se retint de parler durant une heure jusqu'à ce que se lève la tête Abû Al-Fath et se réveille. Alors Abû Al-Hussayn lui dit : « As-tu vu le Prophète dans ton sommeil ? » Il répondit « Oui. » Abû Al-Hussayn dit : « C'est pour cela que je me suis abstenu de parler de peur que tu n'entendes et te réveilles de l'état dans lequel tu étais. » Ainsi, cela nous informe qu'Ibn Mas'ûn a vu l'arrivée du Prophète à l'état d'éveil (yaqaza) et Abû Al-Fath l'a vu dans son sommeil.

Et Abû Bakr ibn Abyad a dit dans son juz' : « J'ai entendu Abû Al-Hassan Bunânân Al-Hammâl l'ascète dire : 'M'a rapporté un d'entre nos compagnons dire : « Un homme était à la Mecque connu sous le nom de Ibn Thâbit et quand il sortait de la Mecque vers Médine et durant soixante ans il ne passait le salut au Messager d'Allah sans qu'il ne lui rende. Et quand il eut soixante et quelques années il mettait du temps dans ses tâches ou il avait une raison. » Il dit : « Quand il était assis dans la chambre entre le sommeil et l'éveil, il vit le Prophète qui lui dit : « Ô Ibn Thabît ! Tu ne nous rends pas visite alors nous te rendons visite. »

Remarques :

Premièrement : La plupart des visions du Prophète à l'état d'éveil sont faites par le cœur jusqu'à ce qu'il soit favorisé de la vision par les yeux. On a rapporté précédemment les paroles du Qâdî Abû Bakr ibn Al-'Arabî, mais la 'vision par les yeux' n'a pas la même signification que de voir quelqu'un dans le sens globalement connu. Ici cette rencontre est un état spirituel, un état surnaturel et une rencontre dans le monde intermédiaire (barzakh); et personne ne connait sa véritable signification si ce n'est l'homme qui vit cela. On a rapporté précédemment l'histoire du Shaykh 'Abdallah Ad-Dallâsî qui a dit « J'ai fait l'ihram (pour rentrer en prière) et j'ai été pris par la vision du Messager d'Allah. » Et dans ses paroles il indique qu'il a été pris dans cet état spirituel.

Deuxièmement : Est-ce que la vision (ar-ru'ya) d'Al-Mustafâ réfère à sa vision avec son corps et son âme ou une ressemblance (mithâl) ? Parmi les gens des états spirituels (arbâb al-ahwâl) que j'ai vu, ils disent que c'est ce deuxième choix (une ressemblance, mithâl) et Al-Ghazâlî insista dessus : « Cela ne signifie pas qu'il voit son corps ; plutôt, c'est une ressemblance, une forme qui incorpore sa ressemblance. Une telle forme (âlah) est quelque fois réelle et quelque fois imaginaire ; et l'essence (an-nafs) n'est pas une ressemblance imaginaire. Ainsi ce qu'il voit n'est pas l'âme (rûh) d'Al-Mustafâ ni sa personne ; plutôt c'est une réalité de sa ressemblance. Et cela est comme la vision d'Allah dans un rêve ; car Son être (dhât) est exempt d'avoir une forme et une image. Cependant, le serviteur réalise (qu'il a vu son Seigneur) par la reconnaissance d'exemples qu'il peut discerner de Sa Lumière etc. Dans un tel exemple, la ressemblance est vraie qui permet de le reconnaître afin qu'un homme puisse dire : « J'ai vu Allah dans un rêve ». Il ne veut pas dire qu'il a vu l'essence (dhât) d'Allah qui est totalement différent du fait de voir autre chose (parmi la création)." Fin de citation.

Al-Qâdî Abû Bakr ibn Al-'Arabî a dit : « La vision du Prophète d'une manière qui corresponde à sa description bien connue reflète la réalité; et sa vision d'une manière qui ne corresponde pas à sa description reflète une ressemblance. » Et cela est une très belle explication. Cela ne réfute pas la vision de son être honoré par son corps et son âme, cela car il est vivant tout comme les autres Prophètes, et leurs âmes ont été rendues à leurs corps après qu'ils expérimentèrent la mort (promise). Ils peuvent sortir de leurs tombes et peuvent interférer aussi bien dans le monde des significations spirituelles (malakût) d'en haut que d'en bas. Al-Bayhaqî a écrit quelque chose concernant la vie des Prophètes (après leur mort). Il a dit dans « Dalâ'il an-nubuwwa » : « Les Prophètes sont vivants auprès de leur Seigneur tout comme les martyrs. » Et il dit dans le livre de la croyance : « Après que les esprits soient retirées des Prophètes, ils leurs sont retournés et sont alors vivant auprès de leur Seigneur comme les martyrs. »

Et le professeur Abû Mansûr 'Abd Al-Qâhir ibn Tâhir Al-Baghdâdî a dit : « Les théologiens spécialiste de la vérification (al-mutakallimûn almuhaqqiqûn) parmi nos compagnons ont dit que notre Prophète était vivant après sa mort et qu'il est informé des bonnes nouvelles concernant l'obéissance de sa nation et qu'il est triste lorsque quelqu'un pèche parmi elle. Et il reçoit les prières de ceux qui prient sur lui dans sa communauté. » Et il a dit : « La terre ne décompose ni n'engloutit quoi que ce soit des Prophètes. Moussa est mort durant son époque et notre Prophète informa qu'il le vit dans sa tombe en train de prier. Et il est mentionné dans le hadîth du Mi'râj qu'il le vit dans le quatrième ciel et qu'il vit Âdam et Ibrâhîm. Et lorsque cette base est claire pour nous, nous disons : « Notre Prophète est retourné à la vie après sa mort et il est sur sa prophétie. »

Al-Qurtubî a dit dans « At-Tadhkira » dans un hadîth mentionné par son shaykh : « La mort n'est pas une absence, plutôt c'est une transition d'un état à un autre. Et la preuve de cela est qu'après que les martyrs soient tués, ils sont vivants et obtiennent subsistance. Ils sont heureux et reçoivent la bonne nouvelle. Et cela sont les caractéristiques de la vie dans ce monde. Et si cela est pour les martyrs, les Prophètes en sont plus méritants voir même au-delà de ceci. Et il est établi que la terre n'engloutit pas les corps des Prophètes. Et il rencontra des Prophètes durant la nuit de l'ascension à Bayt Al-Maqdis ainsi que dans les cieux et il vu Moussa prier dans sa tombe. Et il informa qu'il répond à quiconque le salue. Ce que nous comprenons de la mort des Prophètes c'est qu'ils sont cachés de nous (dans le ghayb). Cependant, ils sont présents et vivants et et leur statut est comme celui des Anges qui sont également présent et vivant mais ne peuvent pas être vu sauf par ceux dont Allah a gratifié d'un prodige (karâmat). » Fin de citation.

Abû Ya'lâ a rapporté dans son Musnad ainsi qu'Al-Bayhâqî dans le livre « Hayâ al-anbiyâ' » d'après Anas que le Prophète a dit : « Les Prophètes sont vivants dans leurs tombes et ils prient » Et Al-Bayhaqî a rapporté d'après Anas d'après le Prophète qu'il a dit : « Les Prophètes ne sont pas laissées dans leurs tombes plus de quarante nuits, mais ils prient auprès d'Allah jusqu'à ce que l'on souffle dans la Trompe » Et l'a rapporté Sufyân At-Thawrî dans "Al-Jâmi" qui a dit : « Notre Shaykh nous a dit d'après Sa'îd ibn Al-Musayyib qui a dit : Un Prophète n'est pas laissé dans sa tombe plus de quarante nuits jusqu'à ce qu'il soit élevé. »

Al-Bayhaqî a dit : « Par cela, ils redeviennent comme tous les vivants dans un endroit où Allah les a élevés. Et a rapporté 'Abd Ar-Razzâq dans son Musannaf d'après At-Thawrî d'après Abû Al-Miqdâm d'après Sa'îd ibn Al-Musayyib qui a dit : « Lorsqu'un Prophète meurt il ne reste pas sur terre plus de quarante jours. » Et Abû Al-Miqdâm est Thâbit ibn Harmaz [Al-Kûfî] qui est un shaykh pieux.

Ibn Hibbân a rapporté dans son « Târikh », At-Tabarânî dans « Al-Kabîr », et Abû Nu'aym dans « Al-Hilyat » d'après Anas qui a dit : Le Messager d'Allah a dit : « Un Prophète mort n'est pas laissé dans sa tombe plus de quarante matinées" »

Et l'Imâm Al-Haramayn dans « An-Nihâya » puis Ar-Râfi'î dans le commentaire : « Il est rapporté que le Prophète a dit : « Mon Seigneur m'a accordé que je ne serais pas laissé dans ma tombe plus de trois »

Et l'Imâm Al-Haramayn a rajouté : Il est rapporté : plus de deux.

Et Abû Al-Hassan ibn Az-Zâghûnî Al-Hanbalî a mentionné dans certains de ses livres un récit disant qu'Allah ne laisse pas un Prophète dans sa tombe plus de la moitié d'un jour.

Al-Imâm Badr Ad-Dîn ibn As-Sâhib a dit dans son « Tadkhirat » chapitre concernant sa vie après sa mort dans le monde intermédiaire (barzakh), en argumentant sur cela. Et dans le Coran Ses paroles : { Et ne pensez pas que ceux qui sont tués dans le sentier d'Allah sont morts, plutôt ils sont vivants auprès de leur seigneur, bien pourvus }. Ainsi cet état, qui est la vie dans le monde intermédiaire (barzakh) après la mort, contient les martyrs de la communauté. Leur état est très-haut et meilleur que ceux qui n'ont pas ce rang dans le monde intermédiaire (barzakh). Et il n'y a pas une seule personne dans la communauté qui a un rang plus élève que celui du Prophète, plutôt ils ont obtenu ce rang en le soutenant et en le suivant, et également ils méritaient ce rang par le martyr, et le Prophète détient le rang de martyr par la perfection du visage. Et il a dit : « J'ai rencontré Moussa durant le Voyage Nocturne (al-laylat al-usrâ) près de la dune rouge et il était debout en train de prier dans sa tombe. » Cela argument l'établissement de la vie de Moussa car il est décrit en prière et était debout et comme cela est impossible pour l'esprit, cela est donc décrit par le corps. Et dans sa mention spécifique de la tombe il y a une preuve de cela car s'il avait décrit une âme, il n'y aurait pas eu la preuve de sa mention spécifique de la tombe. Ainsi donc, personne ne dit que les esprits des prophètes sont emprisonnés dans la tombe avec leurs corps ou que les esprits des martyrs ou des croyants dans le Paradis le sont.

Et dans le hadîth d'Ibn 'Abbâs : « Nous voyagions avec le Messager d'Allah entre La Mecque et Médine quand il dit en passant par une vallée 'Quelle est cette vallée ? On lui dit : C'est la vallée d'Al-Azraq' Et il répondit : C'est comme si je voyais Moussa mettant deux doigts dans ses oreilles et élevant sa voix vers Allah par la talbiya en passant par cette vallée. Puis nous poursuivîmes notre chemin jusqu'à ce que nous fûmes parvenus à une colline et il dit : C'est comme si je voyais Yûnus sur une chamelle rouge et vêtu d'une robe de laine passant par cette vallée en faisant la talbiya. »

On nous demande : Comment est-il mentionné leur pèlerinage et leur talbiya alors qu'ils sont morts et sont dans l'autre monde ne pouvant pas agir ?

Je réponds : Les martyrs sont vivants auprès de leur Seigneur bien pourvus, cela n'empêche donc pas qu'ils effectuent le pèlerinage, la prière et se déplacent comme ils le veulent. Et même s'ils étaient dans l'autre monde ils seraient dans ce monde ici-bas qui est la terre des actions durant la durée qu'ils veulent et jusqu'à ce qu'ils s'émancipent dans le monde futur qui est le monde de la récompense où les actions ne parviennent plus. Et cela est la formulation du Qâdî 'Iyâd. Si le Qâdî 'Iyâd avait dit : « Ils font le pèlerinage par leurs corps et sortent de leurs tombes » Alors comment pourrait-on réfuter le paradoxe du Prophète dans sa tombe ? Car en effet, le Prophète lorsqu'il effectue le pèlerinage et lorsqu'il prie alors son corps est dans les cieux et pas non enterré dans la tombe. » Fin de citation.

Ce que nous comprenons de toutes ces déclarations et de ces hadiths est que le Prophète est vivant corps et âme. Et il exerce autorité et marche comme il le veut sur terre et dans le monde des significations spirituelles (malakût). Et il est dans l'état dans lequel il était avant de mourir sans que rien n'ait changé en lui. Il est caché de nos yeux, comme les Anges le sont alors qu'ils sont vivants dans leurs corps. Lorsqu'Allah le veut, il retire le voile de celui à qui il veut gratifié d'un prodige en permettant de le voir dans l'état dans lequel il est. Il n'y a aucune impossibilité à cela. Et il n'y a pas de problème s'il est vu en tant que ressemblance.

Troisième : Certains demandent comment peut-on le voir à plusieurs endroits différents en même temps ?

On leur répondra : Comme le soleil au milieu du ciel et sa clarté enveloppe les pays de l'est et de l'ouest. Et dans « manâqib ash-shaykh tâj ad-dîn ibn 'atâ' allâh » d'après un de ses élèves qui dirent : « J'ai fait le pèlerinage, alors que je faisais le tawâf (circumambulation) j'ai vu le Shaykh Tâj Ad-Dîn en tawâf. J'ai alors eu l'intention de le saluer à la fin du tawâf. Lorsque je terminai le tawâf je ne le vit plus. Puis je l'ai vu à 'Arafah et dans d'autres moments comme ceux-ci. Lorsque je revins au Caire je demandai alors concernant le Shaykh et on me dit « Très bien (tayyib). » J'ai alors dis : « A-t-il voyagé ? » Il répondit : « Non. » Je suis alors venu au Shaykh et je l'ai salué et il me dit : « Qui as-tu vu ? » Je dis alors : « Ô maître ! Je t'ai vu ! » Il dit : « Ô untel ! Le grand homme rempli l'univers, même si une pierre appelait le pôle (qutb) il répondrait. » Alors si le pôle (qutb) est partout dans l'univers alors le maître des Messagers est aux premières loges, et comme il a été précédemment dit par le Shaykh Abû Al-'Abbâs AtTanjî : « Quand il était dans les cieux, la terre, le Trône et le Kursî étaient rempli du Messager d'Allah »

Quatrième : Quelqu'un peut dire : « Cela implique que celui qui le voit devienne un compagnon » : On répondra : Cela n'est pas nécessaire. Car si nous disons que la vision est une ressemblance (mithâl), il est clair que le compagnonnage (suhba) est établi que si on le voit de son être béni corps et âme. Si nous disons que la vision est faite par l'être (dhât) alors la condition du compagnonnage est qu'il soit vu dans le monde sensible (mulk) alors que cette vision de lui est celle du monde des significations spirituelles (malakût) et cette vision n'implique pas le compagnonnage car il est évident d'après les ahâdiths que toute sa communauté lui fut présentée; il les vit et ils le virent et cela n'implique pas le compagnonnage de tout ce groupe car ils furent vu dans le monde des significations spirituelles (malakût) n'impliquant donc pas le compagnonnage.

Conclusion :

Pour conclure : Ahmad a rapporté dans son Musnad, ainsi que Al-Kharânitî dans « Makârim Al-Akhlâq » d'après la voie de Abî Al-'Aliyah d'après un homme des Ansâr qui a dit : « Je sorti des miens pour aller vers le Prophète et quand j'étais avec lui debout et un homme marcha avec lui je pensais alors que c'était un pèlerin. L'homme des Ansâr dit : « Le Messager d'Allah se tint debout jusqu'à ce que je me plaigne de longévité de la station debout. Lorsqu'il partit, je dis : « Ô Messager d'Allah ! Cet homme était debout avec toi jusqu'à ce que je me plaigne de la longévité de la station debout. » Il dit : « L'as-tu vu ? » Je dis « Oui. » Il dit : « Sais-tu qui c'est ? » Je dis : « Non. » Il dit : « Cela était Gibril. Il n'arrêta pas de me recommander de bien traiter le voisin à tel point que j'ai cru qu'il allait faire des voisins des héritiers. » Puis il dit : « Si tu l'avais salué, il t'aurait retourné la salutation. »

A rapporté Abû Mûssâ Al-Madînî dans « Al-Ma'rifa" » d'après Tamîm ibn Salma qui a dit : « Alors que je me rendais près du Prophète un homme s'éloigna de lui et je vis qu'il était couronné d'un turban qui tombait derrière lui. Je dis : « Ô Messager d'Allah qui est-il ? » Il dit « C'est Gibril. »

Ahmad, At-Tabarânî et Al-Bayhaqî dans « Ad-Dalâ'il » ont rapporté d'après Hârith ibn An-Nu'mân qui a dit : « Je passais devant le Messager d'Allah et Gibril était avec lui alors je l'ai salué et je suis parti. Lorsque je revins et atteignit le Prophète il dit : « As-tu celui avec qui j'étais ?

» Je dis : « Oui. » Il dit : « C'était Gibril et il t'a rendu le salut. »

Ibn Sa 'd rapporte d'après Hârith qui a dit : « J'ai vu Gibril à deux reprises. » Et Ahmad et Al-Bayhaqî ont rapporté d'après Ibn 'Abbâs qui a dit : « J'étais avec mon père auprès du Messager d'Allah et auprès de lui se trouvait un homme qui parlait avec lui et c'était comme s'il ne faisait pas attention à mon père alors nous sommes partis. Alors mon père me dit : « Ô fils ! N'as-tu pas vu comment ton cousin ne me prêtait pas attention ? » Je dis : « Ô Père ! Il y avait un homme qui parlait avec lui. » Puis nous y sommes retournés et il dit : « Ô Messager d'Allah ! J'ai dit à 'Abdallah ceci et cela et il m'a dit qu'il y avait un homme qui était avec toi en train de discuter avec toi. Y-avait-il quelqu'un avec toi ? » Il dit : « L'as-tu vraiment vu Ô 'Abdallah ? » Je dis : « Oui. » Il dit « C'était Gibril ; il est celui qui m'a distrait de toi. »

Ibn Sa'd a rapporté d'après Ibn 'Abbâs qui a dit : « j'ai vu Gibril deux fois. » Al-Bayhaqî a rapporté d'après Ibn 'Abbâs qui a dit : « Un homme parmi les Ansâr visita le Messager d'Allah et lorsqu'il s'approcha de sa demeure il entendit qu'on parlait à l'intérieur et lorsqu'il vint il ne vit personne. Alors le Messager d'Allah dit : « Avec qui parlais-tu ? » Il dit : « Ô Messager d'Allah ! Je suis entré à l'intérieur et je n'ai pas vu d'homme meilleur dans une assemblé que lui, ni (entendu) de meilleurs propos que lui. » Il dit : « Cela était Gibril. Et il est parmi vous lorsque deux hommes parmi vous jurent par Allah qu'ils rempliront leurs engagements. » Et a rapporté Abû Bakr ibn Abî Dâwud dans le livre « Al-musâhif » d'après Abû Ja'far qui a dit : « Abû Bakr entendait les apartés entre Gibril et le Prophète. »

Muhammad ibn Nasr Al-Marwazî a rapporté dans son livre de la prière d'après Hudhayfa ibn Al-Yamâni : « Il vint au Prophète et lui dit : « J'étais en train de prier quand j'ai entendu dire : « Ô Allah à toi toutes les louanges et à Toi toute la royauté et dans Ta main est tout le bien et vers Toi viennent toutes les affaires qu'elles soient divulguées ou secrètes, tu mérites les louanges car Tu es certes sur toute chose puissant. Ô Allah pardonne-moi tous mes péchés passés et préserve moi le reste de ma vie, bénis et purifie mes actions et sois satisfait de moi par elles. » Puis le Prophète dit : « Cet ange t'a donné cela pour t'enseigner comment louer ton seigneur. » Et Muhammad ibn Nasr a rapporté d'après Abû Hurayra qui a dit : « J'étais en train de prier lorsque j'entendis dire : « Ô Allah à Toi toutes les louanges » Il dit : « il mentionna alors le même récit. »

Ibn Abû Ad-Dunyâ dans le livre « Adh-Dhikr » a rapporté d'après Anas ibn Mâlik qui a dit : « Ubayy ibn Ka'b a dit : [...] d'une forte voix derrière qui disait : « Ô Allah à Toi toutes les louanges, à Toi toute la royauté, entre Tes mains se trouve tout le bien, et vers Toi viennent toutes les affaires, dévoilés ou secrètes, à Toi les louanges car Tu es certes sur toute chose puissant. Ô Allah pardonne moi mes péchés passés et préserve moi le reste de ma vie. Bénis et purifie mes actions et sois satisfait de moi par elles et pardonne moi. » J'ai alors rapporté l'histoire au Messager d'Allah et il dit : « C'était Gibril. »

At-Tabarânî et Al-Bayhaqî ont rapporté d'après Muhammad ibn Muslama qui a dit : « Je passais devant le Messager d'Allah et il mettait sa joue contre la joue d'un homme, je n'ai donc pas salué, puis je suis revenu et il me dit : « Qu'est ce qui t'as empêché de saluer ? » J'ai dit : « Ô Messager d'Allah, je t'ai vu agir avec cet homme d'une manière par laquelle tu n'agis avec personne ; alors j'ai détesté vouloir interrompre ta conversation [avec lui]. Qui était-il, Ô Messager d'Allah ? » Il dit : « Gibril. »

Al-Hâkim a rapporté d'après 'Â'isha qui a dit : « J'ai vu Gibril debout dans mon appartement avec qui le Messager d'Allah conversait discrètement. J'ai alors dit : Ô Messager d'Allah, qui était-ce ? Il dit : « A qui ressemblait-il ? » Je dis : 'A Dihya' puis Il dit : « Tu as certes vu Gibril ! »

Al-Bayhaqî a rapporté d'après Hudhayfa qui a dit : « J'ai prié avec le Messager d'Allah puis il s'en alla et je le suivit. Vint à nous un nuage et il me dit : Ô Hudhayfa ! As-tu vu le nuage qui est venu à nous ? Je dis ' : « Oui », Il dit Cela était un Ange parmi les Anges qui n'était pas descendu sur la terre auparavant, il demanda la permission à son Seigneur, me salua, et m'annonça qu'Al-Hassan et Al-Husayn étaient les maîtres des jeunes du Paradis et que Fâtima était la maîtresse des femmes du Paradis. »

A rapporté Ahmad, et Al-Bukhârî l'a retenu, Muslim, An-Nasâ'î, Abû Nu 'aym également. Al-Bayhaqî aussi et ses paroles dans « Dalâ'il an-nubuwwa » d'après Usayd ibn Hudayr qu'il récitait durant une nuit la sourate Al-Baqarah et sa jument était attachée près de lui. Lorsque sa jument sursautait, il se tut et elle se tut. Puis il a récité et elle sursauta, il se tut et elle se tut. Il leva la tête vers le ciel et c'est comme s'il y avait des nuages contenant des lampes qui montaient vers le ciel jusqu'à ce que je ne les aperçoive plus. Au matin j'ai raconté cela au Messager d'Allah. Il dit « Ce sont les Anges qui écoutèrent ta voix et si tu avais [continuer] de réciter, les gens les auraient vus au matin et n'auraient pas été invisibles pour eux. »

Et Ishâq ibn Râhawayh dans son Musnad, Ibn Jarîr dans son Tafsîr, Abû Nu'aym et Al-Bayhaqî ses paroles dans « Dalâ'il an-nubuwa » d'après Abû Usayd As-Sâ'idî qu'il a dit après qu'il soit devenu aveugle : « Si j'étais avec vous maintenant avec ma vue à Badr, je vous aurais raconté concernant les troupes qui étaient accompagnés par des Anges sans aucun doute. »

Al-Bayhaqî a rapporté d'après Abî Burdah ibn Niyâr qui a dit : « Je suis venu avec trois têtes le jour de Badr, et les plaça devant les mains du Prophète. Je dis alors : « Ô Messager d'Allah ! Concernant les deux têtes, je les ai tués ; mais concernant la troisième, j'ai vu un grand homme blanc le frapper et j'ai alors pris sa tête [qui roulait]. » Le Messager d'Allah répondit alors : « C'était untel parmi les Anges. »

Al-Bayhaqî a rapporté d'après Ibn 'Abbâs qui a dit : « Les Anges prennent la forme que nous connaissons parmi les hommes pour les affermir. » Il dit alors : « Je suis allé proche d'eux (les gens) quand je les entendis dire : « S'ils nous attaquent nous ne resterons pas, ils ne sont rien. » Et cela est Sa parole : { Et ton Seigneur révéla aux Anges: Je suis avec vous: affermissez donc les croyants. }

Ahmad, Ibn Sa'd, Ibn Jarîr et Abû Nu'aym dans « Ad-dalâ'il » ont rapporté d'après Ibn 'Abbâs qui a dit : « Celui qui captura Al-'Abbâs était Abû Al-Yasar ibn 'Amr, et Abû Al-Yasar était un homme faible et Al-'Abbâs corpulent. Le Messager d'Allah dit alors : « Ô Abû Al-Yasar comment as-tu capturé Al-'Abbâs ? » Il dit : « Ô Messager d'Allah ! Un homme m'a aidé que je n'ai pas vu ni après, il ressemblait à ceci et cela. » Le Messager d'Allah dit alors : « Un noble ange t'a aidé à le capturé. » Ibn Sa'd et Al-Bayhaqî ont rapporté d'après 'Ammâr ibn Abî 'Ammar : « Hamza ibn 'Abd al-Muttalib a dit : Ô Messager d'Allah ! Montre-moi Gibril dans sa véritable forme'. Il dit : « Assieds-toi » alors Gibril descendit au niveau de la Ka'ba et le Prophète dit alors : Lèves-toi, et il leva les yeux et le vu ; et il vit ses pieds qui ressemblaient à des émeraudes vertes. »

Ibn Abî Ad-Dunyâ a rapporté dans le livre « Al-qubûr », At-Tabarânî dans « Al-Awsat » d'après Ibn Umar qui a dit : « Alors que je marchais près d'un arbre à Badr, un homme sorti d'un trou avec une chaîne sur son cou puis il m'appela : « Ô 'Abdallah donnes moi à boire ! » Alors un homme sortit de ce trou avec un fouet dans sa main et m'interpella : « Ô 'Abdallah ! Ne lui donnes pas à boire car il est certes mécréant. » Puis il le frappa avec le fouet jusqu'à ce qu'il retourne dans le trou. Je suis allé au Prophète et je lui racontai cela. Il me dit « L'as-tu vraiment vu ? » Je dis : « Oui. » Il dit : « C'était Abû Jahl l'ennemi d'Allah et cela est son châtiment qui perdurera jusqu'au Jour Dernier. » Sa vision de l'homme qui est sorti du trou et qui l'a frappé avec le fouet, il est l'ange qui est chargé de son châtiment. Et Ibn Abî Ad-Dunyâ, At-Tabarânî, et Ibn 'Asâkir ont rapporté d'après la voie de 'Urwa ibn Ruwaym d'après Al-

'Irbâd ibn Sariya le compagnon qu'il aurait aimé être rappelé il invoquer alors : « Ô Allah mon âge a grandi et mes os se sont affaiblis alors rappelles moi vers Toi. » Il dit : « Un jour, alors que j'étais dans la mosquée de damas en train de prier et que j'invoquais pour être rappelé, j'ai aperçu un jeune homme parmi les plus beaux hommes, et sortait de lui une lumière verdoyante et dit alors : « Qu'est-ce que cela pour quoi tu invoques ? » Je dis : « Et comment invoquerais-je alors ? » Il dit : « Dis : « Allâhumma husna al-'amal wa balgha al-ajal. » Je dis : « Qui es-tu qu'Allah te fasse miséricorde ? » Il dit : « Je suis [l'ange] Raphael qui extrait les chagrins de la poitrine des croyants. » Puis je me suis retourné et ne vit personne.

Ibn 'Asâkir a rapporté dans son « Târikh » d'après Sa 'îd ibn Sinân qui a dit : « Je me rendais à Bayt Al-Maqdis dans le but de prier, lorsque j'allais entrer dans la mosquée j'entendis dedans deux ailes battre. Je me suis approché et il disait : « Gloire à Celui qui ne s'anéantit pas (ad-dâ'im) l'Auto-subsistant (al-qâ'im), Gloire au Vivant (al-hayy) l'Immuable (al-qayyûm), Gloire au Roi (al-malik) Le Tout-Purifié (al-quddûs), Gloire au Seigneur des Anges et de l'Esprit, Gloire à Allah et à Lui la louange, Gloire au Plus-Haut (al-'aliy) le Très-Haut (al-a'lâ). Gloire à lui et il est le Très-Haut. » Puis je m'approchais du bruit qui prononçait cela et disait quelque chose de semblable. Puis je m'approchais du bruit et agissait ainsi jusqu'à remplir la mosquée. Lorsqu'un d'entre eux était proche de moi il dit : « [Es-tu] un homme ? » Je dis : « Oui. » Il dit : « N'aie crainte, ce sont les Anges. »

Annexe :

Ce qu'a rapporté Abû Dâwud d'après la voie de Abî 'Umayr ibn Anas d'après 'Umûma qui fait partie des Ansâr, que 'Abdullâh ibn Zayd a dit : « Ô Messager d'Allah ! J'étais entre le sommeil et l'éveil quand tout à coup quelqu'un vint à moi et m'enseigna l'adhan, et Omar ibn Al-Khattâb l'a également vu auparavant mais garda secret cet événement durant vingt jours. » Et dans le livre de la prière d'Abû Nu'aym Al-Fadl ibn Dukayn que 'Abdullâh ibn Zayd a dit : « Si je ne doutais pas de moi j'aurais dit : Je ne dormais pas ».

Et dans les Sunan d'Abû Dâwud d'après la voie de Ibn Abî Laylâ : « Un homme parmi les Ansâr est venu et a dit : « Ô Messager d'Allah ! J'ai vu un homme avec deux habits verts sur lui puis il fit l'adhan et ensuite il s'assit pendant un court moment et se leva par la suite. Il prononça [l'adhan] d'une manière similaire sauf qu'il ajouta : « La prière est imminente » (qad qâmiti as-salât). Si ce n'était pas pour la parole des gens, je dirais : J'étais éveillé (yaqzânâ) et non endormi. » Le Messager d'Allah dit alors : « Allah t'a montré du bien »

Le Shaykh Walî ad-Dîn al-'Irâqî dans son commentaire des Sunan d'Abû Dâwud : « Sa parole (à 'Abdallah ibn Zayd) : (J'étais entre le sommeil et l'éveil) est indéterminé ; parce que l'état n'est pas le sommeil complet ou l'état d'éveil. La signification est donc que son sommeil était léger et très proche de l'état d'éveil. Il est donc passé d'un point intermédiaire entre le sommeil et l'éveil. »

Je dis : Cela explique qu'il fut pris d'un état spirituel (hâl) que les Gens des Etats (arbâb al-ahwâl) connaissent et voient ce qui n'est pas visible et entendent ce qui n'est pas audible. Les compagnons sont les maîtres (litt : têtes) des Gens des Etats (arbâb al-ahwâl).

Et il est rapporté dans plusieurs hadiths qu'Abu Bakr, Omar et Bilâl virent ce que vit 'Abdallah ibn Zayd. L'Imâm Al-Haramayn a rapporté dans « An-Nihâya » et Al-Ghazâlî dans « Al-Basît » qu'une dizaine de compagnons virent tous quelque chose de semblable à cela. Et dans le hadith celui qui prononça l'adhan qu'entendit Omar et Bilâl était Gibril; l'a rapporté Al-Hârith ibn Abî Ussâma dans son Musnad. Et cela est similaire à ce qu'a rapporté Ibn 'Asâkir dans son « Târikh » d'après Muhammad ibn Al-Munkadir qui a dit : « Le Messager d'Allah vint rendre visite à Abû Bakr qu'il vit très grand, puis il rentra chez lui et rendit visite à 'Aisha et lui raconta la douleur quand il rencontra Abû Bakr. Lorsque Abu Bakr arriva, il demanda la permission, puis rentra et le Prophète demanda qu'Allah augmente son bien-être. Il dit alors : « Qu'est-ce si ce n'est que tu es venu chez moi, je me suis mis à somnoler puis vint à moi Gibril qui brillait d'une lumière incandescente puis je tiens debout et cela se produit dans un état somnolent mais pas durant le sommeil. » Fin de citation.

L'intermédiaire entre le sommeil et l'état d'éveil : La Somnolence

L'imam Suyuti explique dans sa fatwa qu'il existe un état intermédiaire entre le sommeil et l'éveil. A cette étape là on peut voir et entendre des choses. Il existe un état situé entre le sommeil et l'éveil qui est la Somnolence. Tu pars en somnolence mais tu ne dors pas.

C'est ceux qui sont arrivés aux Compagnons lorsqu'ils ont entendu une voix du ciel leur indiquer comment enterrer le Prophète Mohamed aleyhi salat wassalam. Tu es à moitié endormi et à moitié éveillé. C'est un mélange entre un rêve et une vision à l'état d'éveil mais c'est différent.

Attention à ne pas confondre avec la Déréalisation. Cela n'a rien avoir, pareil entre le rêve provenant d'Allah et le rêve provenant du shaytane, la vision à l'état d'éveil et une hallucination visuelle, puis les inspirations sonores et les hallucinations auditives et waswas du shaytane.

La déréalisation est un état de conscience ou une altération de la perception ou de l'expérience de la réalité qui apparaît comme dissociée ou extérieure à soi.

Il est relaté parmi les Compagnons et les pieux prédécesseurs que beaucoup de salafs avaient cette expérience et ils voyaient des choses de l'Invisible entre l'état de sommeil et l'état d'éveil comme s'ils avaient les yeux ouverts et pris de somnolence.
Aucun grand savant n'a dit que c'était mal, au contraire c'est une force d'Allah.

L'imam Suyuti rapporte dans la fatwa vu précédemment :

Abû Bakr ibn Abyad a dit dans son juz' : « J'ai entendu Abû Al-Hassan Bunânân Al-Hammâl l'ascète dire : M'a rapporté un d'entre nos compagnons dire : « Un homme était à la Mecque connu sous le nom de Ibn Thâbit et quand il sortait de la Mecque vers Médine et durant soixante ans il ne passait le salut au Messager d'Allah sans qu'il ne lui rende. Et quand il eut soixante et quelques années il mettait du temps dans ses tâches ou il avait une raison. » Il dit : « Quand il était assis dans la chambre entre le sommeil et l'éveil, il vit le Prophète qui lui dit : « Ô Ibn Thabît ! Tu ne nous rends pas visite alors nous te rendons visite. »

Ce qu'a rapporté Abû Dâwud d'après la voie de Abî 'Umayr ibn Anas d'après 'Umûma qui fait partie des Ansâr, que 'Abdullâh ibn Zayd a dit : « Ô Messager d'Allah ! J'étais entre le sommeil et l'éveil quand tout à coup quelqu'un vint à moi et m'enseigna l'adhan, et Omar ibn Al-Khattâb l'a également vu auparavant mais garda secret cet événement durant vingt jours. »

Et dans le livre de la prière d'Abû Nu'aym Al-Fadl ibn Dukayn que 'Abdullâh ibn Zayd a dit : « Si je ne doutais pas de moi j'aurais dit : Je ne dormais pas ». Et dans les Sunan d'Abû Dâwud d'après la voie de Ibn Abî Laylâ : « Un homme parmi les Ansâr est venu et a dit : « Ô Messager d'Allah ! J'ai vu un homme avec deux habits verts sur lui puis il fit l'adhan et ensuite il s'assit pendant un court moment et se leva par la suite. Il prononça [l'adhan] d'une manière similaire sauf qu'il ajouta : « La prière est imminente » (qad qâmiti as-salât). Si ce n'était pas pour la parole des gens, je dirais : « J'étais éveillé (yaqzânâ) et non endormi. Le Messager d'Allah dit alors : « Allah t'a montré du bien. »

Le Shaykh Walî ad-Dîn al-'Irâqî dans son commentaire des Sunan d'Abû Dâwud : « Sa parole (à 'Abdallah ibn Zayd) : (J'étais entre le sommeil et l'éveil) est indéterminé ; parce que l'état n'est pas le sommeil complet ou l'état d'éveil. La signification est donc que son sommeil était léger et très proche de l'état d'éveil. Il est donc passé d'un point intermédiaire entre le sommeil et l'éveil. »

L'imam Suyuti dit: « Cela explicite qu'il fut pris d'un état spirituel (hâl) que les Gens des Etats (arbâb al-ahwâl) connaissent et voient ce qui n'est pas visible et entendent ce qui n'est pas audible. Les compagnons sont les maîtres (litt : têtes) des Gens des Etats (arbâb al-ahwâl). Et il est rapporté dans plusieurs hadiths qu'Abû Bakr, Omar et Bilâl virent ce que vit 'Abdallah ibn Zayd. » L'Imâm Al-Haramayn a rapporté dans « An-Nihâya » et Al-Ghazâlî dans « Al-Basît » qu'une dizaine de compagnons virent tous quelque chose de semblable à cela. Et dans le hadîth celui qui prononça l'adhan qu'entendit Omar et Bilâl était Gibril; l'a rapporté Al-Hârith ibn Abî Ussâma dans son Musnad. Et cela est similaire à ce qu'a rapporté Ibn 'Asâkir dans son « Târikh » d'après Muhammad ibn Al-Munkadir qui a dit : « Le Messager d'Allah vint rendre visite à Abu Bakr qu'il vit très grand, puis il rentra chez lui et rendit visite à Aisha et lui raconta la douleur quand il rencontra Abu Bakr. Lorsque Abu Bakr arriva, il demanda la permission, puis rentra et le Prophète demanda qu'Allah augmente son bien-être. Il dit alors : « Qu'est-ce si ce n'est que tu es venu chez moi, je me mis à somnoler puis vint à moi Gibril qui brillait d'une lumière incandescente puis je tiens debout et cela se produit en un état somnolent mais pas durant le sommeil. »

Fatwa de l'imam Ibn Hajar al Haythami sur la possibilité de voir le Prophète en état d'éveil

Est-il possible de voir le Prophète en état de veille, par al-Haytamî

Question :

Est-il possible d'avoir une vision du Prophète (aleyhi salat wassalam) pendant l'éveil ?

Réponse :

Certains le nient, et d'autres l'acceptent comme étant possible, et ils ont raison, et beaucoup de personnes dont la vertu est certaine ont rapporté cette expérience, et nous avons trouvé des preuves de ceci dans le hadith rapporté par l'Imam Bukhari[37] : « Celui qui me voit pendant son sommeil me verra en état de veille (yaqadha) », ce qui signifie, avec les yeux physiques (ceux de sa tête), et certains ont dit qu'il s'agit des yeux spirituels de son cœur. La possibilité que cette « veille » (yaqadha), se réfère à celui du Jour du Jugement est très faible, car dans ce cas il n'y aurait aucun avantage ou objectif dans cette spécification dont le hadith nous renseigne, parce que le Jour du Jugement, sa communauté tout entière le verra – qu'ils l'aient vu ou non avant en rêve. Et dans son commentaire du Sahih Bukhari, Ibn Abi Jamra déclare qu'il

---

[37] Kitab at-Ta'bir

privilégie cette interprétation comme applicable à celui qui a le degré de préparation requis grâce au suivi fidèle de la Sunnah, et aussi pour celui qui ne l'a pas, dans un sens non spécifique …

Imam Mouslim inscrit dans son Sahih que les Anges avaient l'habitude de saluer 'Imran Ibn Husayn par honneur pour lui, pour sa patience face à la douleur provoquée par des hémorroïdes, et quand il se cautérisa lui-même, les Anges cessèrent de le saluer, et quand il arrêta la cautérisation – ce qui signifie qu'il fut guéri – les Anges retournèrent le saluer, parce que la cautérisation – qui est contraire à la Sunnah – empêcha les Anges de venir le saluer, même s'il en avait grand besoin, car c'était une faiblesse dans la confiance, la soumission et la patience. Et dans la narration d'Al-Bayhaqi , « les Anges avaient pour habitude de lui serrer la main jusqu'à ce qu'il se cautérise lui-même, alors ils arrêtèrent ».

Et Ibn al-Haj Al-Maliki dans son Madkhal dit que voir le Prophète en état de veille est très rare, et que cela se produit uniquement avec ceux qui ont atteint un état [Ndt : spirituel] qu'il est rare de trouver de nos jours, voire même inexistant, bien que nous ne nions pas que cela se produise chez nos grands Saints (Awliyas), Allah leur ayant préservé le caché et l'apparent… Certains des savants de l'apparent ont nié cette possibilité, en se basant sur le fait que l'œil évanescent ne peut pas voir ce qui est perpétuel, à savoir, l'être du Prophète dans le monde de l'éternité, alors que l'œil de celui qui regarde est dans ce monde voué à la disparition.

Et il a répondu que lorsque le croyant meurt, il voit Allah qui ne meurt pas, et l'Imam Bayhaqi a fait référence à sa réponse quand il a dit que le Prophète a vu les autres Prophètes lors de l'Ascension nocturne (Mi'raj). Et al-Barizi a dit : « Il a été transmis de manière formelle par un groupe d'Awliya qu'ils ont vu le Prophète au cours de leur existence alors qu'ils étaient éveillés, et ce, après le décès du Prophète... »

En outre, il n'est pas impossible de voir le Prophète après qu'il soit mort, car lui et les autres Prophètes sont vivants, leurs esprits leur ont été restitués et la permission leur a été accordée de quitter leurs tombes et de jouer un rôle dans la partie inférieure et supérieure du royaume spirituel (Malakût) »[38]

---

[38] -Fatāwā Al-Ḥadīthiyya, p 212-13

Le voyage nocturne et l'Ascension du Prophète

Avant de passer à la 3ème partie, nous devons d'abord parler du voyage nocturne et de l'ascension effectué par notre Prophète Mohamed aleyhi salat wassalam.

Pour commencer, le voyage nocturne et l'ascension s'est effectué avec le corps et son âme, c'est-à-dire que le Prophète n'était plus présent sur terre. Son corps et son âme ont été transportés pour arriver à un autre monde qui n'a rien avoir avec la vie d'ici bas : le barzakh où la visite des cieux. Ce qui ressemble à l'expérience de la mort imminente, sauf que la différence, tout comme les rêves véridiques, c'est uniquement l'âme qui se déplace librement aux cieux et dans le monde du barzakh. Le Prophète a parcouru les 7 cieux depuis son Bouraq (Pégase).

Laissons maintenant les savants du tafsir nous expliquer le voyage nocturne et l'ascension.

« Gloire et Pureté à Celui qui, de nuit, fit voyager Son serviteur [Mohamed], de la Mosquée Al-Harâm à la Mosquée Al-Aqsâ dont Nous avons béni l'alentour, afin de lui faire voir certaines de Nos merveilles. C'est Lui, vraiment, qui est l'Audient, le Clairvoyant. » (Sourate 17 V1)

« Celui qui a fait voyager "miraculeusement" son serviteur Mohamed. Contrairement au verbe safara, lequel désigne un voyage quelconque, le verbe asrâ, traduit ici également par voyager signifie voyage de nuit. « Une nuit » « corps et âme à l'état de veille. » [Aş-Şâbûnî]

« Le mot "nuit" est ici indéterminé afin de souligner la très courte durée de ce voyage : une fraction de la nuit. La durée normale pour parcourir cette distance étant de 40 nuits. » [Aş-Şabûnî, Ar-Râzî]

« de la Mosquée sacrée » de La Mecque, la Ka'ba. « On nous a rapporté à ce sujet que la nuit où il accomplit son voyage nocturne à Jérusalem, l'Envoyé d'Allah dormait dans la maison de Umm Hânî Bint Abî Ţâlib [...]. Selon d'autres, il débuta ce voyage à partir de l'enceinte de la mosquée.» [At-Tabarî]

« à la Mosquée la plus éloignée » de La Mecque « celle » de Jérusalem, Al-Quds, plus précisément sur Le Dôme du Rocher où, plus tard, Omar Ibn Al-Khattab fit construire sur son esplanade la Mosquée d'Al-Quds. Elle est appelée la Mosquée la plus éloignée, par rapport à la distance qui sépare Jérusalem de La Mecque.

« Dont Nous avions béni l'alentour » « car, d'un point de vue spirituel, elle est depuis Moussa aleyhi salam, le foyer de la révélation et le sanctuaire des Envoyés. » [Al-Baydawî]

Et, d'un point de vue temporel , Jérusalem est un lieu luxuriant, « d'eau et d'arbres fruitiers » [F-Âbâdi, Al-Jalâlayn].

« On dit encore qu'elle est bénie du fait de la présence aux alentours des tombes des Envoyés et que c'est pour cette raison qu'elle est un lieu saint. [Al Qurtubi] "afin de lui montrer de Nos signes" le royaume céleste. "Assurément, c'est Lui" Allah Le Très Audient Celui qui entend tout ce que disent les Qurayshites au sujet de ce voyage et "Le Très Observateur" Celui qui voit tout ce qu'ils font pour dissuader les gens d'y croire.

« Abu Dharr rapporte que le Messager d'Allah aleyhi salat wassalam a dit : " Le toit de ma maison s'ouvrit alors que j'étais à La Mecque. Gibril descendit. Il m'ouvrit la poitrine et la lava avec de l'eau de Zamzam. Puis il vint avec un récipient en or rempli de sagesse et de foi et le versa dans ma poitrine. Puis il la referma. Il me prit ensuite par la main et avec de l'eau de Zamzam. Il me prit ensuite par la main et monta avec moi au ciel [...] . » [Al Bukhari]

Ce voyage miraculeux s'est déroulé en deux étapes. La première est appelée Al-Isrà, le voyage de nuit, qui conduisit le Messager d'Allah de La Mecque au Dôme du Rocher. La seconde est appelée Al Mi'raj qui le conduisit du Dôme du Rocher au cieux.

Cependant, les exégètes ne sont pas unanimes sur la façon dont se sont déroulés ce voyage et cette ascension. Et la question est posée de savoir si le Messager d'Allah a voyagé corps et âme à l'état de veille ou si, durant son sommeil. L'âme a voyagé alors que son corps était à La Mecque. « Les anciens et leurs successeurs ont divergé sur ce sujet. Pour les uns, son âme a voyagé et son corps n'a pas quitté son lit ; il s'agissait d'une vision dans laquelle il vit la réalité, et les visions des Envoyés sont authentiques. Telle est l'opinion de Mu'awiya, ' Aïsha , Al - Hasan et Ibn Ishâq . Pour d'autres, son corps a voyagé à l'état de veille jusqu'à Jérusalem et [seule] son âme s'éleva au ciel. Les tenants de cette opinion se fondent sur le verset : Gloire à Celui qui a fait voyager Son serviteur une nuit, de la Mosquée sacrée à la Mosquée la plus éloignée. Selon eux, dans ce verset , il est explicitement indiqué que le voyage corporel a pris fin à Jérusalem , et s'il s'était prolongé au-delà. Ceci aurait été dit et cet évènement aurait alors été encore plus prodigieux. Pour la majeure partie des anciens et des musulmans , il a voyagé corps et âme à l'état de veille après avoir enfourché [la monture céleste] Al Buraq à La Mecque. Lorsqu'il parvint à Jérusalem , il y pria puis on l'éleva corps et âme au ciel. Cette opinion est confortée par les récits que nous avons cités précédemment à ce sujet. Rien n'empêche de penser qu'il ait voyagé corps et âme à l'état de veille , car l'apparent [matériel] et la réalité [immatérielle] ne sont conciliables que si l'on admet que ce que l'on envisage est possible. Et si ce voyage avait été en rêve, Allah aurait dit : " Gloire à Celui qui a fait voyager l'âme de Son serviteur » et non " Gloire à Celui qui a fait voyager Son serviteur" et le verset [sur ce voyage] : "La vue n'a pas dévié et elle n'a pas trompé" [Coran 53/18] confirme cela. Qui plus est , s'il avait voyagé en rêve , ceci n'aurait pas été un signe ou un miracle, Umm Hânî ne lui aurait pas dit : " N'en parle pas aux gens, car ils te démentiront. " Abu Bakr ne se serait pas distingué pour l'avoir cru et les Qurayshites n'auraient pas été en mesure de le contredire. Mais les Qurayshites ne l'ont pas cru au point que détails apostasièrent après avoir eu foi. Et si ceci avait été un rêve, ceci n'aurait pas eu lieu [...] . » [Tafsir Al Qurtubi]

Note : Benchili a dit : « Il est curieux que l'on puisse douter que Mohamed aleyhi salat wassalam ait été élevé au ciel corps et âme, alors qu'on ne doute pas que Ilyas et Issa ont également été élevés. Corps et âme au ciel. Et que concernant Issa en particulier, personne ne doute qu'à la fin des temps, il redescendra des cieux corps et âme pour tuer L'antéchrist Ad-Dajjal. »[39]

Ibn al Jawzi rapporte le récit du voyage nocturne

Anas Ibn Malik rapporte que le Prophète Mohamed aleyhi salat wassalam leur a raconté le voyage nocturne qu'il fit à al Quds en ces termes : Tandis que j'étais allongé un visiteur (un Ange) vint à moi et dit à son compagnon : C'est celui qui se trouve au milieu.

Anas ajoute : J'ai entendu Qatada dire : Il fendit de ce côté-ci jusqu'à ce côté-là. C'est-à-dire de la fente de la gorge jusqu'à son nombril.

Le Prophète Mohamed aleyhi salat wassalam continue : Il fit sortir mon cœur puis il apporta un récipient en or plein de foi et il lava mon cœur avant de le remplir de foi ; ensuite, il le remit à sa place, avant de m'apporter une

---

[39] Le laurier de l'exégèse coranique, vol 2 p368-369 , Mohamed Benchili

bête plus petite que la mule et plus grande que l'âne. » .
Al-Jarûd dit à Anas : « Est-ce al-Burâq, Ô Abû Hamza ? » «
Oui, répondit Anas. » Le Prophète ajoute : « Je fus placé
sur cette monture et Gibril m'emmena jusqu'à ce qu'il
arrive au ciel de ce bas monde. Il demanda qu'on lui ouvre :
« Qui est là ? » lui dit-on. « Gibril » répondit - il. « Qui est
avec toi ? » « Mohamed » répondit-il. « A-t-il été mandé ?
» « Oui » répondit-il. « Bienvenue à lui. Il est le meilleur
des visiteurs. » On nous ouvrit alors et j'y trouvai Adam.
Gibril me dit : « Voici ton père Adam ; salue-le." Je l'ai salué
et il m'a rendu mon salut en me disant : « Bienvenue Ô fils
vertueux, Ô Prophète vertueux ! »

On me fit monter ensuite au deuxième ciel. Gibril
demanda qu'on lui ouvre. On lui dit : « Qui est-là ?
« Gibril » répondit-il. « Qui est avec toi ? » « Mohamed »
répondit-il. " A-t-il été mandé ? » « Oui » répondit-il. «
Qu'il soit le bienvenu, lui dit-on, il est le meilleur des
visiteurs.»
On nous ouvrit et j'y trouvai Jean (Yahya) et Jésus (Issa) qui
sont des cousins maternels. Gibril me dit : « Voici Jean et
Jésus, salue-les. » Je les saluai et ils me rendirent mon
salut, en me disant : « Bienvenue Ô frère vertueux, Ô
Prophète vertueux. »

On me fit monter ensuite au troisième ciel . Gibril
demanda qu'on lui ouvre. On lui dit : « Qui est là ? » « Gibril
» répondit – il. « Qui est avec toi ? » « Mohamed »
répondit-il. « A-t-il été mandé ? » « Oui » répondit-il.
« Qu'il soit le bienvenu, lui dit-on, il est le meilleur des
visiteurs. » On nous ouvrit et j'y trouvai Joseph (Yussef).

Gibril me dit : « Voici Joseph, salue-le. » Je le saluai et il me rendit mon salut, en me disant : « Bienvenue Ô frère vertueux, Ô Prophète vertueux. »

On me fit monter ensuite au quatrième ciel. Gibril demanda qu'on lui ouvre. On lui dit : « Qui est là ? » « Gibril » répondit-il. « Qui est avec toi ? » « Mohamed » répondit-il. « A-t-il été mandé ? » « Oui » répondit-il. « Qu'il soit le bienvenu, lui dit-on, il est le meilleur des visiteurs. » On nous ouvrit et j'y trouvai Idriss. Gibril me dit : « Voici Idriss, salue-le. » Je le saluai et il me rendit mon salut, en me disant : « Bienvenue Ô frère vertueux, Ô Prophète vertueux. »

On me fit ensuite monter au cinquième ciel. Gibril demanda qu'on lui ouvre. On lui dit : « Qui est là ? » « Gibril » répondit-il. « Qui est avec toi ? » Mohamed » répondit-il. « A-t-il été mandé ? » « Oui » répondit-il . « Qu'il soit le bienvenu, lui dit-on, il est le meilleur des visiteurs. » On nous ouvrit et j'y trouvai Aaron . Gibril me dit : « Voici Aaron, salue-le. » Je le saluai et il me rendit mon salut, en me disant : « Bienvenue Ô frère vertueux, Ô Prophète vertueux.   »

On me fit monter ensuite au sixième ciel. Gibril demanda qu'on Gibril » répondit-il. « Qui est lui ouvre. On lui dit : « Qui est là ? » « Voici disant : avec toi ? » « Mohamed » « A-t-il été mandé ? » « Oui » répondit-il. Qu'il soit le bienvenu, lui dit-on, il est le meilleur des visiteurs. » On nous ouvrit et j'y trouvai Moïse (Moussa). Gibril me dit : « Moussa, salue-le. » Je le saluai et il me rendit mon salut, en me «

Bienvenue ! Ô frère vertueux, Ô Prophète vertueux. » En le dépassant, je l'entendis pleurer. À la question de savoir pourquoi il pleurait, il répondit : « Je pleure parce qu'un jeune homme, Envoyé après moi, aura plus d'adeptes parmi ceux de sa communauté à entrer au paradis, que ceux de ma communauté. »

On me fit monter ensuite au septième ciel. Gibril demanda qu'on lui ouvre. On lui dit : « Qui est là ? » « Gibril » répondit-il. « Qui est avec toi ? » « Mohamed » répondit-il. « A-t-il été mandé ? » « Oui » répondit-il. « Qu'il soit le bienvenu, lui dit-on, il est le meilleur des visiteurs. » On nous ouvrit et j'y trouvai Abraham (Ibrahim). Gibril me dit : « Voici ton père Ibrahim, salue-le.» Je le saluai et il me rendit mon salut, en me disant : « Bienvenue Ô fils vertueux, Ô Prophète vertueux. »

On me fit monter ensuite au Lotus de la limite, dont les épines ressemblent à des jarres de hadjar et dont les feuilles ressemblent à des oreilles d'éléphants et où se trouvent quatre fleuves, deux apparents et deux cachés. J'ai dit à Gibril : « Qu'est-ce que cela Ô Gibril ? » « Les deux fleuves cachés, me répondit-il, sortent du Paradis, alors que les deux fleuves apparents sont le Nil et l'Euphrate. » On me fit ensuite monter seul à la Maison habitée (al-Bayt al-Ma'mûr).

Qatâda a dit : « Al-Hasan nous a rapporté d'après Abû Hureyrah que le Prophète a vu la Maison habitée (al-Bayt al-Ma'mur), dans laquelle entrent, chaque jour, 70 000 Anges qui n'en reviennent plus. » « Ensuite , continue le

Prophète, on m'apporta un récipient de vin, un autre de miel et un autre de lait. J'ai opté pour le lait et il me fut dit : « Tu as opté pour la fitra (nature innée du monothéisme) à laquelle tu te conformeras toi et ta communauté. » On m'imposa alors les prières, 50 par jour. En revenant, je suis passé à côté de Moussa qui me dit : « Que t'a-t-on imposé ? » Cinquante prières par jour » lui répondis-je. « Jamais ta communauté ne pourra supporter 50 prières par jour ; j'ai fait l'expérience des gens avant toi, et j'ai enduré avec les fils d'Israël les plus pénibles des épreuves ! Retourne vers ton Seigneur et demande-Lui d'alléger ces prières pour ta communauté. » Je suis retourné chez mon Seigneur et Il m'a diminué ce nombre de dix. En passant de nouveau à côté de Moussa, il m'a répété les mêmes propos. J'y suis retourné de nouveau et mon Seigneur m'a diminué ce nombre de dix. En passant à côté de Moussa, il m'a répété les mêmes propos. J'y suis donc retourné de nouveau et Il m'a fixé le nombre à 10 prières par jour. En passant de nouveau à côté de Moussa, il m'a répété les mêmes propos. Je suis donc retourné une nouvelle fois à Mon Seigneur qui me fixa le nombre de prières à 5. En passant à côté de Moussa, ce dernier me demanda une dernière fois : « Que t'a-t-on imposé ? » « 5 prières » répondis-je. « J'ai fait l'expérience des gens avant toi, s'exclama Moussa, et j'ai enduré les plus pénibles des épreuves avec les fils d'Israël ! Retourne vers ton Seigneur et demande-Lui de diminuer ce nombre pour ta communauté. » « J'ai assez demandé à mon Seigneur, lui répondis-je, au point d'éprouver de la pudeur à aller lui demander encore plus. Je me satisfais de cela et je me soumets à mon Seigneur. »

« En rebroussant chemin, j'entendis une voix qui me disait : « J'ai décrété Mon obligation et J'ai allégé à Mes serviteurs. » (Rapporté dans les deux Sahih) De son côté, ' Iqrima a rapporté d'après Ibn ' Abbâs que le Prophète a dit : « J'ai vu mon Seigneur. » (Rapporté par l'imam Ahmed)[40]

A propos du voyage Nocturne, Al Qadi Iyad al Maliki a rédiger 2 chapitre que nous allons voir maintenant qu'il a intitulé « Section 3 : Du Voyage nocturne : a-t-il eu lieu spirituellement ou physiquement ? » et « Section 4 : Réfutation des arguments de ceux qui prétendent qu'il s'agit d'un rêve »

---

[40] Sifat-as-Safwah, la vie du Prophète p48-51

Section 3 : Du Voyage nocturne : a-t 'il eut lieu spirituellement ou physiquement ?

Al Qadi Iyad a dit : « On ne nie pas le fait que des rêves de ce genre puissent avoir lieu, or, ce n'est pas du tout le cas ici, puisque ses contemporains étaient convaincus que ce Voyage a bien eu lieu avec son corps et en état de veille. En effet, dans la tradition, il est rapporté qu'il a dirigé la prière des Prophètes à Jérusalem, selon Anas, ou au ciel, selon d'autres versions ; et sont rapportés aussi : l'arrivée de Gibril en compagnie de Burâq, l'Ascension, l'ouverture des cieux, des questions posées par les Prophètes à chaque ciel, leur chaleureux accueil, l'imposition des prières et son échange avec Moussa.

Dans une tradition, il a dit : « Gibril me prit par la main pour monter au ciel. Puis on m'a fait monter au ciel jusqu'à atteindre un degré où j'ai entendu le crissement des plumes ». Il est aussi ajouté, dans la même version, qu'il a atteint le « Lotus de la Limite », qu'il est entré au Paradis, et qu'il a bien vu ce qu'il a rapporté. Ibn 'Abbâs – que Dieu soit satisfait de lui et de son père ! – a dit qu'il s'agissait d'une vision avec les yeux, et non pas un rêve durant le sommeil. Al-Hasan [al-Basrî] rapporte que le Prophète a dit : « Alors que je dormais dans le Hijr, Gibril arriva et me donna un léger coup avec son talon. Je me réveillai, mais, ne voyant rien, je retournai dormir ». Il a indiqué que cet épisode se répéta trois fois, puis ajouta : « [la troisième fois], il me prit le bras et m'entraîna jusqu'à la porte de la Mosquée où se trouvait une monture ».

Puis il rapporta l'histoire de Burâq. Quant à Umm Hânî', elle a rapporté : « Le Voyage de l'Envoyé de Dieu a eu lieu à partir de chez moi. Cette nuit-là, il fit la prière du soir (al-isha) puis s'endormit. À l'aube, l'Envoyé de Dieu nous réveilla. Il pria et nous priâmes avec lui, puis il me dit : "Ô Umm Hânî' ! Comme tu as pu le voir, j'ai fait avec vous la dernière prière du soir dans cette vallée, mais ensuite, je suis allé à Jérusalem où j'ai prié. Et comme vous pouvez le voir, j'ai fait avec vous cette prière maintenant" ».

Ceci indique qu'il a bien effectué le Voyage nocturne avec son corps. Selon la version rapportée par Shaddâd b. Aws, Abu Bakr a dit au Prophète au lendemain de son Voyage : « Ô Envoyé de Dieu, je t'ai cherché hier soir à l'endroit où tu te trouvais, mais en vain ». Il lui répondit : « Gibril – que la Paix soit sur lui ! – m'a conduit à la Mosquée lointaine ». Quant à Omar, il rapporte que l'Envoyé de Dieu a dit : « La nuit de mon Voyage, j'ai prié au fond de la Mosquée [de Jérusalem], puis je suis entré à l'endroit où se trouve "le Rocher" (al-sakhra). J'y trouvai un Ange debout avec trois récipients...»
Ces déclarations sont claires et ne doivent pas être interprétées. Abû Dharr a dit : « Alors que je me trouvais à La Mecque, le plafond de ma maison fut fendu. Gibril descendit et m'ouvrit la poitrine. Il la lava avec de l'eau de Zamzam...» Dans la version d'Anas : « On est venu me chercher, et on m'a conduit à la source Zamzam où on a ouvert ma poitrine. »

Abu Hureyrah rapporte que le Prophète a dit : « J'étais près du Hijr pendant que les gens de Quraysh me questionnaient sur mon Voyage nocturne. Ils m'interrogèrent alors sur certaines choses dont je ne me rappelais pas, et j'en fus très affligé. Dieu me montra alors ces choses de sorte que je puisse bien les voir ». Jâbir rapporte une version similaire.

Dans la tradition sur le Voyage nocturne rapportée par Omar b. al Khattâb, il y est dit : « Puis je suis revenu auprès de Khadîja qui n'avait pas changé de côté durant son sommeil».[41]

---

[41] Ach-Chifa , p172-173

Section 4 : Réfutation des arguments de ceux qui prétendent qu'il s'agit d'un rêve

Ces derniers utilisent comme premier argument le verset suivant : « Nous voulions seulement que la vision (al-ru'yâ) que Nous t'avons fait voir, et l'arbre maudit mentionné dans le Coran, servent d'épreuve pour les hommes », et disent : Dieu l'a clairement appelé « vision » (al-ru'yâ). Nous leur répondons alors par la Parole de Dieu : « Gloire à Celui qui a fait voyager de nuit (asrâ) Son serviteur », car le terme « asrâ », voyager de nuit, ne s'utilise pas pour le sommeil. En outre l'expression coranique : « une épreuve pour les hommes », indique qu'il s'agit d'une vision avec les yeux et d'un Voyage Nocturne avec le corps, car il n'y a pas d'épreuve dans le rêve, et personne ne peut le nier, car chacun peut se voir en rêve à un même moment en des lieux différents de l'univers. Ceci étant, les exégètes ont divergé à propos de ce verset : certains ont soutenu qu'il a été révélé à propos de l'épisode d'al Hudaybiyya et des sentiments éprouvés par les gens à cette occasion. D'autres ont déclaré d'autres choses.

Quant à leur deuxième argument, [ils le fondent ainsi] : il [le Prophète] a dit : « durant le sommeil », et ailleurs : « [j'étais dans] un état entre le sommeil et la veille », « je dormais », et : « puis, je me suis réveillé ». Or, ceci ne constitue pas une preuve, car il est vraisemblable qu'il dormait au moment où l'Ange est arrivé, ou au début du

Voyage. En effet, il n'est pas dit dans la tradition sur le Voyage Nocturne qu'il dormait durant tout le Voyage et l'Ascension. Cela est prouvé par sa parole : « puis, je me suis réveillé à la Mosquée sacrée ». Peut-être entendait-il : « Je me suis retrouvé au matin… », ou qu'il s'est réveillé une seconde fois après s'être rendormi à la maison ? Ceci est prouvé par le fait que son Voyage nocturne n'a pas duré toute la nuit, mais seulement une partie. Aussi, rien n'indique qu'il était endormi durant tout le récit. Il se peut aussi que, par sa parole : « puis, je me suis réveillé à la Mosquée sacrée », il entende, après avoir été ébloui par ce qu'il a vu parmi les merveilles du royaume des cieux et de la terre, et après sa contemplation du Plérôme suprême (al-mala' al-a'lâ) et des Signes grandioses de son Seigneur qui avait envahi son intérieur. Aussi, il ne s'est réveillé et n'a revêtu sa nature humaine qu'une fois revenu à la Mosquée sacrée. Et même si on considérait son sommeil et son réveil réels, selon la définition de ces deux termes, on peut aussi comprendre par là que son corps a voyagé alors que son cœur était présent. En effet, la vision des Prophètes est véridique. Leurs yeux dorment mais leur cœur ne dort pas.

Les « gens des allusions subtiles » (ashâb al-ishârât) ont dit : ses yeux ont été fermés pour qu'aucune chose sensible ne le détourne de Dieu, sauf lorsqu'il dirigea la prière pour les Prophètes. Il est vraisemblable que ses états variaient durant le Voyage. Une autre possibilité est que par « sommeil », ici, il faut comprendre la position allongée du dormeur, et ceci est soutenu par la tradition suivante rapportée par 'Abd b. Humayd, d'après Hammâm, où le Prophète a dit : « Alors que je dormais… », ou encore : « Alors que j'étais allongé… », ou, dans la version rapportée par Hudba : « Alors que je dormais dans le Hatîm » ou : « allongé dans le Hijr ».

Dans une autre version encore, il a dit : « Alors que j'étais dans un état entre le sommeil et la veille » : il a peut-être attribué à la posture allongée le terme « sommeil », car c'est la position généralement connue de celui qui dort. Par ailleurs, d'autres ont soutenu ces indications supplémentaires : la mention du sommeil, de l'ouverture de la poitrine et du rapprochement du Seigneur – Exalté soit-Il ! – figurant dans cette tradition proviennent de la version transmise par Sharîk, d'après Anas. Or, nous avons déjà dit que la chaîne de transmission de celle-ci n'était pas fiable, puisque « l'ouverture de la poitrine », selon les traditions authentiques, eut lieu durant l'enfance du Prophète et avant la Révélation, et parce qu'il est dit dans la Tradition : « avant qu'il ne soit envoyé en tant que Prophète ». Il est unanimement reconnu que le « Voyage nocturne » eut lieu après que le Prophète eut reçu sa Mission. »[42]

---

[42] Ach-Chifa , p174-176

Partie 3 : La vie des Prophètes, des awliyas et des martyrs après leurs morts. La possibilité de communiquer avec les morts, de les voir et d'entendre leurs voix. La résurrection des martyrs et la mort imminente.

La communication avec les morts en rêve

Avant de commencer, il est préférable d'abord d'exposer le premier moyen afin de pouvoir communiquer avec les morts en Islam : Les rêves véridiques.

Il y a une catégorie de rêves qui est le rêve sur les défunts.

Les rêves sur les morts sont véridiques et viennent d'Allah. C'est un contact avec le barzakh. On peut communiquer avec les morts à travers les rêves. Le défunt vient en rêve et peut annoncer la bonne nouvelle, avertir le musulman, trouver des choses cachées dans la réalité. C'est un type de rêve véridique qui nécessite une interprétation, ou voir sans interprétation si le rêve est clair. La parole d'un mort en rêve est véridique. Il devient lié à l'autre monde et rencontre les morts. Ceux-ci ressentent nos problèmes, ils savent ce qu'on fait. C'est pour cela qu'Allah les envoie dans les rêves des croyants. C'est une réelle communication qui vient d'Allah. Les morts visitent les gens dans leurs rêves.

D'où le fait que les savants disent que la parole des morts est véridique en rêve. Les morts peuvent même informer le rêveur de choses du futur, des choses cachées, des secrets sur les gens, etc...

Al Akbari dans ses fawaids rapporte que Ibn Sirin a dit : « Tout ce qu'un mort te raconte dans un rêve est vrai car il se trouve dans la demeure de la vérité. »[43]

---

[43] La mort et la vie tombale, As-Suyuti, p268

Ibn al Qayyim a dit : « Parmi les preuves de la rencontre des âmes, est que le vivant voit le mort dans son rêve qui l'informe de choses relevant de l'Invisible et qui s'avèrent ensuite vraies. »[44]

À ce sujet, Ibn al Qayyim a écrit tout un sujet là-dessus.

Ibn Al Qayyim a dit : « Dans le sommeil, l'âme humaine sort par les narines et voyage jusqu'à ce qu'elle soit en présence du Seigneur du Trône.

Si le dormeur est dans un état de pureté, son âme se prosterne devant son Créateur. Puis, l'âme peut rencontrer le monde des rêves ou rencontrer les âmes des gens qui sont morts; mais ce qu'ils rencontrent réellement est une page du savoir d'Allah concernant l'invisible et contenant le bien ou le mal qu'Il a décrété pour cet être humain en particulier.

- Si le dormeur est sincère, généreux, pur et qu'il est quelqu'un qui ne s'adonne pas à des futilités lorsqu'il il est éveillé   :
Alors quand son âme réintègre son corps, elle transmet à son cœur la Vérité de ce qu'Allah, Ar-Rahman Ar-Rahim, lui a laissé voir l'Invisible.
Lorsque cela arrive, cela est appelé un rêve véridique.
Dans le sommeil, l'âme peut aussi voyager librement dans le monde et rencontrer les âmes des gens qui sont encore en vie et elle obtient d'elles des informations.

---

[44] La mort et la vie tombale, As-Suyuti, p268

- Si le dormeur est un menteur et aime ce qui est dévié, son âme s'élève aussi dans les cieux pendant son sommeil : elle se déplace librement dans le monde, rencontre d'autres âmes et apprend des informations concernant l'Invisible. Une partie de ce qu'elle apprend est véridique et l'autre fausse. La partie mensongère est le rêve normal ou le chuchotement de l'âme.

Ainsi il ne se souvient que de ce que le shaytan lui a montré, ce sont les rêves confus. Cependant, alors qu'elle est en train de réintégrer son corps, l'âme rencontre le shaytan a mi-chemin et il brouille le vrai avec le faux. Puis lorsque le dormeur se réveille, il est confus et ne sait pas exactement ce qu'Allah Ar-Rahman Ar-Rahim, lui a laissé voir.

« Allah reçoit les âmes au moment de leur mort ainsi que celles qui ne meurent pas au cours de leur sommeil. Il retient celles à qui Il a décrété la mort, tandis qu'Il renvoie les autres jusqu'à un terme fixé. Il y a certainement là des preuves pour des gens qui réfléchissent » (Sourate 39 verset 42.)

Dans l'état de sommeil, l'âme ne quitte pas complètement le corps contrairement à ce qui se passe dans le cas de la mort, mais reste attachée au corps tout en se déplaçant librement à travers les cieux. »[45]

Ibn al Qayyim a dit : « Parmi les preuves que les âmes des morts et celles des vivants se rencontrent, le fait que le

---

[45] Le Voyage De L'âme Après La Mort

vivant voit en rêve un mort qui l'informe de choses dont il n'avait pas connaissance auparavant et qui se révèlent être vraies. Comme par exemple qu'il informe au sujet d'une somme d'argent qu'il [le mort] avait cachée et dont lui seul connaît la cache, ou d'une dette et qui le vivant, après vérification s'avère vraie. Ou encore de choses commises dans le passé ou dans le futur. Que l'âme du mort l'informe au sujet de choses que le vivant a faite dont personne n'avait connaissance et que le mort l'en informe, comme par exemple une visite à la tombe du défunt. »[46]

L'Imam Suyuti rapporte quelques rêves en rapport avec les morts qui prouvent que l'on peut découvrir des choses de L'Invisible

1) Maymoun al Qurdi a dit : « J'ai vu Urwa ibn Al Bezzar dans 1 rêve après sa mort. Il m'a dit :
« Je dois 1 dinar à untel le porteur d'eau. Ce Dinar se trouve dans 1 trou du mur de ma chambre. Prends-le et donne-le-lui. Le lendemain j'ai rencontré le porteur d'eau et je lui ai dit : « Urwa te doit-il quelque chose ? » Oui 1 Dinar " me répondit-il. Je suis rentré chez lui où j'ai trouvé le Dinar et je l'ai donné au porteur d'eau. »[47]

2) Ibn Asakir rapporte après un long rêve que Sadaqa Ibn Yazid a raconté à un vieillard : celui-ci a dit : « Je suis rentré chez le jeune homme au lendemain de la vision et il me l'a raconté en me disant : « je crois que ce que mon père m'a dit est inéluctable ! je crois qu'il ne me reste que 3 mois ou 3 jours à vivre car il m'a recommandé de prendre

---

[46] Kitab Ar-Rouh

[47] La mort et la vie tombale, As-Suyuti, p280

l'initiative à 3 reprises ! »   3 jours après il appela son épouse et ses enfants et leur fit ses adieux, puis il fit face à la Qibla, répéta la chahada et mourut la même nuit. »[48]

Voici un rêve de Ibn al Qayyim sur son maître Ibn Tayymiyah après sa mort : Ibn Al Qayyim a dit : « J'ai vu en rêve le Cheikh de l'Islam Ibn Tayymiyah alors je lui avait parlé de quelques actes du cœur, puis j'avais commencé à le glorifier et à évoquer ses intérêts [les services qu'il a rendus à l'Islam et aux musulmans] dont je ne m'en souviens plus maintenant . Il m'a dit : « Quant à moi, ma voie c'est de me réjouir d'être auprès d'Allah et d'être content de Lui - ou une parole de ce genre - ». C'est ainsi qu'était son état dans sa vie comme cela apparaissait sur son apparence, et par lequel son état l'appelle. »[49]

Pour ceux qui veulent consulter quelques rêves en rapport avec les défunts, je vous renvoie vers kitab ar-rouh qui est le livre de l'âme en français par Ibn al Qayyim. C'est un livre qui traite en profondeur le sujet des rêves en rapport avec les morts, le domaine de L'Invisible, de l'état des morts, et des défauts de l'âme. J'ai choisi de m'appuyer sur les récits rapportés par L'imam Suyuti par rapport au titre du livre. Vous verrez plus bas que L'imam Suyuti rapporte justement des récits de Ibn Al Qayyim provenant de kitab ar-rouh.

---

[48] La mort et la vie tombale, As-Suyuti, p300

[49] Madarij salakin, chap Le degré de la satisfaction, p444 , édition française

Ibn Sa'd rapporte que Salmân avait fait à ' Abd Allah Ibn Salâm cette recommandation : « - Mon frère ! Celui de nous qui survivra à l'autre devra s'appliquer à voir l'autre en rêve.

- Cela se peut - il ? S'enquit ' Abd Allah Ibn Salâm.

- Oui ; car l'âme du croyant est libre de se déplacer où elle veut sur terre ; tandis que l'âme du dénégateur est prisonnière. Salmân était mort quand ' Abd Allâh a raconté :

« Un jour, je me reposais au milieu de la journée et je fis un petit sommeil. Je vis Salmân venir et il me dit :

- Que la paix et la miséricorde de Dieu soient sur toi ! Que la paix et la miséricorde de Dieu soient sur toi Abû ' Abd Allah ! Comment trouves-tu ta nouvelle demeure ?

- Bien . Recommande - toi à Dieu , car il n'y a pas mieux que de s'en re mettre à Dieu ! Recommande - toi à Dieu , car il n'y a pas mieux que de s'en remettre à Dieu ! »[50]

Chapitre 1 : Parler et communiquer avec les morts, la résurrection des morts.

Imaginez qu'un mort vous parle et vous dit que tu vas mourir dans quelques jours et que tu vas le suivre. Cela est possible, que ce soit en rêve ou à l'état d'éveil, ils peuvent t'annoncer des choses. C'est ce que l'on verra par la suite.

Imaginez aussi que vous parliez avec les morts devant la tombe d'un proche ou d'un Prophète et des awliyas. Sachez qu'il y a même des awliyas qui sont sortis de leurs tombes, Omar ibn al Khattab sa jambe est sortie de sa tombe lorsque Omar Ibn Abdelaziz est venu visiter sa tombe.

Il y a des athar (récit ou rêve des compagnons et des pieux prédécesseurs) qui prouvent qu'il y a des pieux qui ressortent de leurs tombes et parlent avec les visiteurs puis ils retournent dans leurs tombes.

C'est pour cela qu'on dit que les Prophètes, les martyrs et les awliyas sont toujours vivants après leurs morts. ils ont des prodiges et des dons même après leurs morts.

Ibn Tayymiyah rapporte que « lorsque la destruction du mur eut lieu, une jambe et un genou apparurent et Omar Ibn Abdelaziz eut peur, mais Urwa le rassura en l'informant qu'il s'agissait du genou et de la jambe de

Omar Ibn al Khattab. »[51]

Ibn Chibane avait fait le hajj, il partit à Médine et se présenta près de La tombe du Prophète Mohamed aleyhi salat wassalam et le salua. Il entendit alors venant de l'intérieur du sanctuaire la réponse : « et sur toi le salut »[52]

Des awliyas qui parlent depuis leurs tombe Ibn abi Dounya rapporte qu'un savant a dit : « Je suis passé par un cimetière et j'ai invoqué la miséricorde pour les morts, puis une voix m'a dit :

« Oui invoque la miséricorde pour eux, car il y a parmi eux le soucieux et le triste »[53]

Tous les récits que je rapporte viennent de l'imam Suyuti dans son livre « La mort et la vie tombale »

Notre frère Rabi' était le plus porté d'entre nous sur la prière et le jeûne. Comme il venait de mourir, nous étions assis autour de lui ; tout à coup il dévoila son visage et nous dit :

« Que le salut soit sur vous ! » « Toi aussi ! » lui répondîmes-nous, en ajoutant :

« Es-tu revenu de la mort ? »

---

[51] Iqtida Assirate al Moustaqim, p365

[52] Acceptations à corriger, Cheikh Mohamed ibn al Alawi al Maliki, p215

[53] La mort et la vie tombale, As-Suyuti, p317

« Oui, répondit-il, j'ai rencontré mon Seigneur qui n'était pas courroucé et qui m'a reçu avec du repos, du parfum et du brocart. Abu El-Qâsim attend de prier sur moi. Hâtez-vous de m'emmener et ne me faites pas attendre ! »

Ensuite, il rendit l'âme. Comme on rapporta le hadith à Aïsha, elle dit : « J'ai entendu le Prophète dire : « Un homme de ma communauté parlera après la mort ».

Abu Nu'aym a dit : « C'est un hadith célèbre qui a été raporté par El-Bayhaqî dans ses « Dalâïl » en disant que c'est un hadith authentique dont l'authenticité ne peut être mise en doute »

Juwaybir rapporte, dans son exégèse, que Abâne Ibn Abî 'Iyyâche a dit : « Nous avons assisté à la mort de Muwar riq El-'Ajli. Lorsqu'il fut enveloppé dans son linceul et que nous crûmes qu'il était mort, nous avons vu une lumière qui jaillissait du côté de sa tête en crevant le toit. Ensuite, nous avons vu une lumière pareille à la première qui jaillissait de ses pieds en crevant le toit. Ensuite, nous avons vu une lumière qui jaillissait du milieu de son corps. Quelques instants après, il dévoila son visage et dit : « Avez-vous vu quelque chose ? »

« Oui » lui répondîmes-nous en lui racontant ce que nous avions vu.

« Il s'agit de la sourate Essajda que je récitais chaque nuit. La lumière que vous avez vu jaillir du côté de ma tête ce sont les 14 premiers versets, la lumière que vous avez vu jaillir de mes pieds ce sont les 14 derniers versets de cette sourate, et la lumière que vous avez vu jaillir du milieu de mon corps c'est la sourate Essajda en entier. Elle est montée intercéder en ma faveur, tandis que la sourate al Mulk est restée pour me garder car je la récitais chaque nuit ».

Ce récit est aussi rapporté par Ibn Abi Dounia dans son livre : « Ceux qui ont vécu d'après la mort ».

Abû El-Hasan Ibn Esserrî rapporte dans son livre : « Les prodiges des saints », d'après ' Abderrahmane Ibn Zayd Ibn Aslem, qu'on voyait avec Ibn El-Munkadir une lumière. Lorsqu'il fut à l'article de la mort, on lui dit : « Est-ce la lumière que tu voyais de ton vivant ? ».

« Oui, c'est elle » répondit-il.

D'après Mughira ibn Khalaf, Ruya la fille de Bijane fut décédée, elle fut lavée et enveloppée dans son linceul. Tout à coup elle se mit à remuer puis les regarda et leur dit : « Réjouissez-vous ! J'ai trouvé que la chose n'était pas aussi effrayante que vous ne le disiez ! J'ai vu que le paradis est interdit à celui qui coupe ses liens de parenté, au buveur invétéré de vin et au polythéiste !»

Khalaf Ibn Haoucheb a dit : « Un homme d'El-Madâïn étant mort et enveloppé dans son linceul, il se mit à remuer et on lui enleva son linceul. Il dit alors :

« Il y a dans cette mosquée des gens à la barbe teinte au henné qui maudissent Abu Bakr et Omar et les désavouent. Ceux qui sont venus saisir mon âme les maudissent et les désavouent ». Ensuite, il rendit de nouveau l'âme.

Ce récit a été rapporté par une autre chaîne d'après Abd El-Malik Ibn Omar et Abî El-Khasîb Bachîr, en ces termes :

« Je suis entré chez un homme qui venait de mourir à El-Ma dâïn et j'ai vu qu'il avait sur le ventre une brique. Tandis que nous étions assis chez lui, tout à coup il sursauta, faisant tomber la brique par terre, en criant au malheur et à la catastrophe. Lorsque ses compagnons virent cela, ils se dispersèrent en courant. Je me suis approché de lui et je lui ai dit :

« Qu'as-tu ? Qu'as-tu vu ? »

« J'ai fréquenté, m'a-t-il dit, des cheikhs de Koûfa qui m'ont convaincu d'adopter leurs thèses concernant la malédiction d'Abû Bakr et de Omar et leur désaveu ».

« Demande pardon à Allah et ne reviens plus à cette pratique ! » lui dis-je.

« Et en quoi cela me sera t-il utile, dit-il, alors qu'ils m'ont emmené à l'entrée du feu que j'ai vu de mes propres yeux avant de me dire :

« Tu vas retourner auprès de tes compagnons et leur raconter ce que tu as vu, avant de revenir à ton premier état ». Je ne sais pas si sa parole ne fut pas tenue ou s'il est mort selon son premier état ».

Atâ El-Khurasâni a dit : « Un homme, on rapporte que parmi les enfants d'Israël exerça comme juge pendant 40

174

ans. Une fois à l'article de la mort, il dit à ses proches : « Je crois que je vais périr par cette maladie ! Auquel cas, laissez-moi chez vous pendant 4 ou 5 jours. Si vous voyez en moi quelque chose, que l'un d'entre vous m'appelle ! ».

Une fois mort, il fut placé dans un cercueil et, après 3 jours, on vit se lever un vent. L'un d'entre eux cria :

« Ô untel, qu'est-ce que c'est que ce vent ? »

On lui permit alors de parler et il dit : « J'ai assumé le poste de juge parmi vous pendant 40 ans et seule une affaire a suscité le doute en moi. 2 hommes sont venus à moi et comme je penchais vers l'un d'eux, je lui tendais mon ouïe plus qu'à l'autre. Ce vent que vous voyez est la conséquence de cette affaire. » Allah le fit mourir ensuite.

Ibn ' Asâkir rapporte, dans ce même ordre d'idées, que Qurra Ibn Khaled a dit :

« Une femme de notre famille mourut et resta ainsi pendant sept jours sans qu'on puisse l'enterrer car sa veine jugulaire bougeait encore. Ensuite, elle finit par parler en disant :

« Qu'est devenu Ja'fer Ibn Az-Zubayr ? » (Ja'fer était mort pendant les jours où elle était inconsciente)

« Il est mort » lui dis-je.

« Par Allah, dit-elle, je l'ai vu au septième ciel alors que les Anges s'annonçaient la bonne nouvelle de sa venue. Je l'ai connu grâce à son linceul. Les Anges disaient : « Il est venu le bienfaiteur ! Il est venu le bienfaiteur ! »

Chapitre 2 : La mort imminente, la vision éveillée sur les Anges et en rapport avec la mort

Des salafs ont aussi eu l'expérience de la mort imminente, ils ont rencontré le monde du barzakh et ils ont vu des choses de l'Invisible. Allah a retiré leurs âmes pendant ce temps-là, les gens ont cru qu'ils sont morts puis Allah leur a redonné la vie.

Un tabi'in a vu le sort du gouverneur al Hajjaj lors de sa montée au ciel.

Ibn Asakir rapporte que Abi Ma'char a dit : « Un homme étant mort chez nous à Médine, il fut mis sur son brancard pour y être lavé, lorsqu'il se releva et s'assit en disant :

« Mes yeux voient ! Mes yeux voient ! Mes yeux voient Abdelmalik Ibn Merwâne et El-Hajjaj Ibn Yousef trainer leurs boyaux dans le feu ! ». Puis il s'allongea et rendit l'âme de nouveau.

Ibn 'Asâkir, ainsi qu'Ibn Abî Eddunya rapporte que El-Musawwir Ibn Makhrama avait perdu connaissance un jour avant de se réveiller en disant :

« Je témoigne qu'il n'y a de dieu que Dieu et que Mohamed est le Messager de Dieu ! Abderrahmane Ibn'Awf se trouve avec le Compagnon le plus haut tandis que Abdelmalik Ibn Merwâne et El-Hajjâj trainent leurs boyaux dans le feu ! C'est le premier récit qui atteste de la mort imminente.

L'imam Suyuti a dit : Ce récit a eu lieu avant le gouvernorat de Abdelmalik et d'El-Hajjaj. El-Miswar est mort à La Mecque le jour où est arrivé la nouvelle de la mort de Yazîd Ibn Mu'awiyya en l'an 64. Quant au gouvernorat d'El-Hajjaj, il a eu lieu après l'année 70.

A propos de L'expérience de la mort Imminente (E.M.I)

Il est possible de mourir et de revenir à la vie. L'âme part du corps puis revient et y a une sorte de lumière. Allah peut saisir une âme pendant un moment et la redonner à un croyant.

C'est un Excellent livre sur l'âme, les rêves, la vision des morts en rêve, le mort, la mort imminente, et les défauts de l'âme.

L'expérience de la mort Imminente, c'est quand ton âme quitte ton corps. Ton corps reste sur terre et ton âme se déplace et bouge comme si tu étais mort et tu vois des réalités de l'autre monde. La mort imminente EMI, c'est la montée au ciel, sans être mort. Il y a des gens qui peuvent faire un voyage spirituel avec la mort imminente.

« Allah reçoit les âmes au moment de leur mort ainsi que celles qui ne meurent pas au cours de leur sommeil. Il retient celles à qui Il a décrété la mort, tandis qu'Il renvoie les autres jusqu'à un terme fixé. Il y a certainement là des preuves pour des gens qui réfléchissent".(Sourate 39 V 42) Cela rejoint le sujet de l'âme c'est tout en réalité !

Le Messager d'Allah aleyhi salat wassalam recommande au musulman qui va se coucher de dire : « à Ton nom, mon Maître, je pose mon côté et c'est avec Ton nom que je le relèverai. Si tu saisis mon âme, accorde lui Ta miséricorde ; si Tu la laisses survivre protège-la comme tu le fais avec Tes pieux serviteurs ».
Quand il se réveille, (il lui est recommandé de dire) : louange à Allah qui a préservé l'intégrité de mon corps et m'a rendu mon âme et m'a permis de Le rappeler. » (rapporté par at-Tirmidhi, et déclaré par lui hassan).

La mort imminente, c'est aussi quand tu ne te réveilles pas d'une intervention chirurgicale ou un accident. Ton âme sort mais après tu reviens. Et tu vois des choses du monde du barzakh. Ton âme va où tu veux aussi.

On appelle la mort imminente, l'âme s'est détachée du corps en gros et il voit un endroit rempli de lumière. Son âme s'est détachée de son corps. Dans la fatwa livre de l'imam Suyuti, nous avons vu les sources parlant des visions entre l'intermédiaire du sommeil et de l'éveil que l'on appelle la somnolence.
Certaines personnes ont vu la fin du monde de leurs expériences imminente par exemple.

Sur un forum j'ai trouvé quelques témoignages de musulmans sur l'expérience de la mort imminente :

Une femme raconte : « Les expériences E.M.I. sont un voyage à la frontière de la véritable mort qui elle (mort) définit un non-retour. Ce qui est raconté comme étant une expérience intime s'arrête donc à une frontière, celle du Barzakh. La situation dans le Barzakh est bien toute autre. Cela me fait penser à une expérience personnelle que j'ai eue il y a de cela une vingtaine d'années. Je venais de prier la prière du matin, j'ai récité le verset du Trône puis je somnolais quand apparut une lumière blanche à mes pieds. Elle a soulevé mon âme puis m'a emmené haut (je ressentais l'effet de l'ascenseur) puis je me suis arrêtée à une sorte de nuage, j'entendais le Coran mais je ne pouvais pas voir ce qu'il y avait au-dessus. C'était beau, je m'en souviens encore tellement cela m'a marqué. »

Il y a d'autres témoignages qu'on m'a racontés :

Une fois j'ai fait un voyage astral, ça m'est arrivé j'ai fait un voyage d'un point de vue extérieur à mon corps, au début je me sentais voler puis je me suis retourné, j'ai vu mon corps chez moi entrain de dormir puis j'ai continué à augmenter et à partir dans le ciel jusqu'à voir une lumière éblouissante dans le ciel pendant que j'essaye encore d'aller plus loin puis je me suis fait renvoyer vers mon corps et je me suis réveillé peu après.

Je lui explique alors : ton âme se détache de ton corps. Et tu vois des choses comme du barzakh (le Monde de séparation après la mort et en l'attente du Jugement), Ton âme va où tu veux. La mort imminente, c'est le déplacement de ton âme. On appelle la mort imminente, l'âme s'est détachée du corps et tu vois un endroit rempli de lumière subhanAllah c'est hyper rare, ce n'est pas un rêve. Ton âme s'est détachée de son corps. Ce n'est pas la vraie mort, c'est la petite mort, comme quand on dort Allah retire notre âme au moment de dormir et il nous la redonne quand on se réveille, c'est la même chose pour la mort imminente, ton âme n'était plus sur   terre.

Une autre expérience de mort imminente : « j'ai fait un rêve subhanAllah ... J'étais en train de m'endormir (vous savez quand vous êtes entre la phase d'être à moitié réveillée et complètement endormie) j'étais dans cette phase-là, je me rappelle de ce que je disais dans ma tête en étant entrain de m'endormir et puis je dis cette phrase « Allah je veux voir un ange » et quand j'ai dit le mot ange tout s'est arrêté, j'ai été paralysé et monté en apesanteur et j'ai vu une salle très illuminée avec beaucoup trop de lumière, une belle récitation du Coran s'est déclenchée très forte et le coffre blanc et or s'ouvre avec pleins de lumière et puis voilà et j'ai eu ce choc et je me suis réveillée. Je suis un peu perturbée par ce beau rêve qui m'a fait très peur sur le coup je pensais que j'étais en train de mourir et que mon âme s'est décrochée de mon cœur car c'est cette sensation que j'ai ressenti au moment où j'ai dit le mot « Ange » subhanAllah. »

Une autre personne m'a raconté une expérience impressionnante : « Alors ce rêve à la différence de l'autre c'est que je ne connais pas la frontière entre le réel et le rêve j'explique : j'avais eu une baisse de foi et énormément de waswas et j'avais fait la prière de consultation pour demander à Allah de me raffermir sur ma foi deux jours avant. Donc j'étais allongée dans mon lit le soir et en fait j'avais l'impression de rêver mais le truc c'est dans la vision de mon rêve j'étais au même endroit quand j'ouvrais les yeux, je voyais la même chose le plafond et l'angle de mon plafond. Et j'ai commencé à me sentir compressée mal à l'aise, ensuite j'ai eu le réflexe de faire du dhikr dans mon rêve et une force magnétique est sortie de ma poitrine mais je l'ai senti physiquement !! Et c'est ce qui m'a le plus choquée cette force, elle s'est propulsée sur mon plafond et j'y ai vu des images de démons rouges qui clignotaient au mur, mais je ressentais leurs émotions et ils étaient frustrés qu'Allah m'ait secourue que je sois croyante et que le dhikr wallah le dhikr est la meilleure des armes contre ces shayatines.

Je demande : Tu avais l'impression de rêver mais tu avais les yeux ouverts c'est bien cela ?? Genre tu étais consciente ?

Elle répond : C'était trop bizarre je ne sais pas quelle était la frontière mais j'ai plutôt l'impression que c'est un rêve lucide. La sensation je l'ai sentie physiquement et j'ai même eu peur je croyais que mon âme partait à un moment mais comme j'étais toujours allongée, j'ai su que ce n'était pas ça. Et cette force magnétique, elle a longé mon corps et elle s'est extraite de mon corps au niveau de la poitrine du cœur quoi. Comme si on arrache quelque chose de ma poitrine. Et cela ne voulait pas sortir. Oui j'étais consciente et c'était trop bizarre wallah je ne l'ai jamais eu.

je dis : SubhanAllah j'ai compris : tu as eu une vision à l'état d'éveil en recevant la mort imminente, ton âme a quitté ton corps pendant un instant mais tu n'es pas morte. Cette vision montre l'importance du dhikr qui repousse les diables.Il n'y a pas d'interprétation, c'est un avertissement et 1 rappel en même temps.

Voyons quelques exemples de mort imminente chez les salafs :

Ibn 'Asâkir rapporte que le fils d'El-Mâjichoûne a dit : Lorsque mon père décéda, nous le mîmes sur le brancard du lavage rituel. En entrant chez lui, le laveur vit une veine qui bougeait au-dessous de ses pieds. Nous reportâmes alors son lavage. 3 heures après, il se releva et s'assit avant de demander du sawiq (potage). Nous le lui apportâmes et il le but.

« Raconte-nous ce que tu as vu » lui dîmes-nous. »

« Oui, mon âme fut élevée par un ange vers le ciel. Une fois devant le ciel terrestre, il demanda à y entrer et on lui ouvrit la porte du ciel. Il en fut ainsi dans tous les cieux jusqu'à ce qu'il arrive au 7ème ciel.

« Qui est avec toi ? » lui dit-on.

« El-Mâjichoûne » répondit-il.

« Son heure n'a pas encore sonné, il lui reste telle et telle année à vivre ». On m'a fait descendre alors. Cependant, j'y ai vu le Prophète et Abu Bakr à sa droite et Omar à sa gauche, tandis que Omar Ibn Abdelaziz se trouvait devant lui. J'ai dit à l'Ange qui m'accompagnait : « Qui est cet homme ? »

« Ne le reconnais-tu pas ? » me dit-il. « Je veux m'en assurer » lui dis-je.

« C'est 'Omar Ibn 'Abdelazîz » me dit-il.

« Il tient une place privilégiée auprès du Prophète » lui dis-je. « Il a gouverné avec justice à l'époque de l'oppression, tandis que les deux premiers avaient gouverné avec justice à l'époque de la justice ».

C'est une preuve qu'Allah peut ressusciter les martyrs et les awliyas.

Ibn Abi Eddunya rapporte, dans ce même ordre d'idées, ainsi qu'El-Hâkem dans son Mustadrek, El-Bayhaqî dans Dalaïl Ennubuwwa » et Ibn 'Asâkir, d'après Ibrahîm Ibn 'Abderrahmane Ibn 'Awf, que 'Abderrahmane Ibn 'Awf est tombé malade un jour et a perdu connaissance au point que l'on crut qu'il était mort. Les gens se levèrent alors et l'enveloppèrent d'un vêtement. Ensuite, il reprit connaissance et dit :

« Deux Anges durs et rudes sont venus et m'ont dit :

« Viens que nous te fassions juger devant le Tout Puissant, le Digne de confiance ! » Et ils m'emmenèrent. Ils rencontrèrent deux autres Anges plus doux et plus cléments qu'eux qui leur dirent :

« Où l'emmenez-vous ? »

« Nous allons le faire juger devant le Tout Puissant, le Digne de confiance ! » répondirent-ils.

« Laissez-le, leur dirent-ils, il fait partie de ceux à qui fut prescrit la félicité alors qu'il était dans le ventre de sa mère ! » Il vécut un mois après cela puis mourut ».

ils meurent puis reprennent la vie puis meurent.

Ceci est une confirmation de l'expérience de la mort imminente chez les musulmans, de la Sunnah que l'on découvre sur cette fameuse expérience !!! Ibn al Qayyim en a un peu parlé dans son kitab Ar-Rouh mais pas de manière explicite. Je sais que beaucoup de musulmans se sont toujours posés des questions sur la mort imminente et ont cherché ce que disait l'Islam à ce sujet mais on ne retrouve aucun dalil ou aucune fatwa explicitant vraiment d'un point de vue islamique cette expérience. C'est pour cela que je les ai inscrits dans ce livre.

Sache aussi que certains salafs et musulmans ont vraiment vu la mort devant leurs yeux, mais les gens présents ne pouvaient pas voir ce que eux voyaient. C'était une vision en état d'éveil. Dans le récit que nous allons voir qu'un musulman a ressenti que les Anges le touchaient, qu'ils allaient saisir son âme, et il les voyait mais il n'est pas mort. Il a eu une vision éveillée mais il a vraiment senti la scène, les autres gens ne pouvaient pas voir ce qu'il voyait.

Mais avant cela, je vais rapporter une expérience similaire d'une personne m'ayant raconté ce que sa tante a vu :

« Le jour où ma grand-mère est décédée Allah yarhamha, on était tous chez elle, toute la famille on préparait à manger couscous et tout, et la femme de mon oncle elle s'est retournée d'un coup et elle a vu ma grand-mère assise sur la chaise, elle regardait ce qui se passait. Elle est restée longtemps. (Sachant que ma grand-mère était à la morgue). Ensuite elle est partie. Ma tante quand elle fait des rêves ils se réalisent (généralement les rêves mal). »

Quand j'ai vu cela, je lui ai alors montré mon rappel et mon texte sur les visions à l'état d'éveil.

Voici donc les autres récits :
Abu Nu'aym rapporte d'après Sufiâne, d'après Dâoud Ibn Abî Hind qui raconte qu'ayant été atteint de la peste a perdu connaissance quelque temps avant de se réveiller et de dire : « J'ai reçu deux Anges et l'un a dit à l'autre : « Que trouves-tu ? ».

« Je trouve des louanges, des glorifications et des pas vers les mosquées ainsi qu'une partie du Coran ». Il ne maîtrisait pas le Coran en entier. »

Ibn Abi Eddunya rapporte dans son livre sur ceux qui ont vécu après la mort que Dâoud Ibn Abî Hind a dit :

Je fus atteint d'une grave maladie, j'ai vu un homme très corpulent et aux larges épaules, comme s'il appartenait aux habitants de l'Inde qu'on appelle les Zitt, qui venait vers moi. En le voyant, j'ai répété la formule : « Nous sommes à Allah et c'est à Lui que nous retournerons ! »

« Es-tu venu pour saisir mon âme, lui dis-je, suis-je un incroyant ? »

J'avais entendu dire qu'un ange noir saisissait les âmes des incroyants. Tout à coup, j'entendis le toit de la maison qui s'ouvrait au point de voir le ciel ; ensuite, un homme en descendit portant des habits blancs, suivi d'un deuxième. Ils crièrent contre l'homme noir qui fit demi-tour et se mit à me regarder de loin, tandis qu'ils lui faisaient des reproches. L'un d'eux prit place à mon chevet et l'autre devant mes pieds. Le premier dit au second :

« Touche-le ! » Il me toucha entre mes orteils puis dit : « Je trouve qu'il les utilise souvent pour aller à la prière. Puis le second dit au premier : « Touche-le ! » Il me toucha à la luette puis dit : « Elle est douce par l'évocation d'Allah.

Ali Ibn Sâleh mourut, il m'a dit : « Donne-moi à boire mon frère." J'étais debout en train de prier. Une fois ma prière terminée, je lui ai apporté à boire, mais il m'a dit : « Je viens de boire il y a un moment ».

« Qui t'a donné à boire, lui dis-je, alors qu'il n'y a personne à part nous deux ? » lui dis-je.

« Gibril est venu tout à l'heure pour m'apporter à boire puis il m'a dit : « Toi, ton frère et ta mère, servez avec ceux à qui Allah a accordé Sa grâce, parmi les Prophètes, les véridiques, les martyrs et les awliyas ». Puis il rendit l'âme ».

Chapitre 3 : La vie des Prophètes, des awliyas et des martyrs après la mort dans leurs tombes.

Les Prophètes, les awliyas et les martyrs ne sont pas morts, ils sont toujours vivants, Allah peut les ressusciter même dans leurs tombes, et ils peuvent apparaître à des gens, parler, accomplir des miracles et des prodiges même après leurs morts subhanAllah. Tellement qu'ils ont reçu le grade de félicité, Allah leur donne ce super pouvoir manifeste même après leurs morts. Il est dit que pour les awliyas, ils continuent les actes d'adoration même dans leurs tombes. D'ailleurs cela ne m'étonne pas, c'est en lien avec ce verset : « Et ne dites pas de ceux qui sont tués dans le sentier d'Allah qu'ils sont morts. Au contraire, ils sont vivants, mais vous en êtes inconscients ». (Sourate 2 V154)

Tous les récits que je vais transmettre provient du livre de l'imam Suyuti intitulé la mort et la vie tombale à partir de là page 193 jusqu'à la page 208

Suyuti a dit : Remarque : Essubkî a dit : « Le retour de l'âme dans le corps est attesté dans les hadiths authentiques pour tous les morts, à plus forte raison pour les martyrs. La divergence réside dans sa continuation [celle de l'âme] dans le corps ainsi que dans le fait que le corps devient vivant grâce à elle comme ici-bas ou vivant sans elle alors qu'elle est là où voulue Allah. En effet, l'inhérence de la vie à l'âme est une chose naturelle non rationnelle, c'est-à-dire que le corps devient vivant grâce à elle comme il était ici-bas, dans ce que la raison permet. Cela est rapporté par certains savants.

Cela est attesté par le récit sur la prière de Moussa dans sa tombe. En effet, la prière implique la présence d'un corps vivant. Il en est de même pour les caractéristiques des Prophètes mentionnées durant la nuit du voyage nocturne du Prophète qui sont toutes des caractéristiques corporelles. Il n'est pas nécessaire pour que cette vie soit réelle que les corps soient par rapport à elle comme ils étaient ici-bas, c'est-à-dire avec le besoin de nourriture, de boisson et autres attributs corporels que nous voyons souvent. Bien plus, ils obéissent à une autre règle. Quant aux attributs de la science et de l'ouïe, nul doute que cela est attesté pour les Prophètes comme pour tous les morts ».

Un autre savant a dit : « Il y a des divergences concernant la vie des martyrs : si elle concerne la seule âme ou l'âme et le corps, c'est-à-dire qu'il ne s'use pas en sa compagnie. Il y a là deux opinions : El Bayhaqî dit dans le livre des croyances que les Prophètes, une fois morts, leurs âmes sont rendues. Ils sont donc vivants auprès de leur Seigneur, comme les martyrs. »

Ibn El-Qayyim dit de son côté, au sujet de la question des visites des âmes et de leurs rencontres : « Les âmes sont de 2 catégories :

Des âmes qui jouissent et des âmes qui souffrent. Celles qui souffrent sont préoccupées et empêchées de se rendre visite ou de rencontrer qui que ce soit, rappelant celles qui jouissent et qui sont libres et non prisonnières se rendent visite et se rencontrent, en se rappelant leurs souvenirs d'ici-bas et en ce qui concerne les gens de ce bas monde. Chaque âme sera avec sa compagne qui possède les mêmes œuvres qu'elle. Quant à l'âme de notre Prophète, elle sera avec le compagnon le plus haut. Le Très Haut dit :

« Quiconque obéit à Allah et au Messager ... ceux-là seront de ceux qu'Allah a comblé de Ses bienfaits : les Prophètes, les véridiques, les martyrs, et les vertueux. Et quels bons compagnons que ceux-là ! » (Sourate 4 V69). Cette présence est attestée dans ce bas monde, dans le monde intermédiaire (barzakh) et dans la demeure de la rétribution. L'homme sera avec celui qu'il aime dans ces trois demeures ».

Chidla a dit dans son livre « La preuve dans les sciences du Coran » :

« Si quelqu'un dit au sujet de ce verset : « Ne pense pas que ceux qui ont été tués dans le sentier d'Allah, soient morts. Au contraire, ils sont vivants » (Sourate 3 V169) : Comment peuvent-ils être morts et vivants ? », nous lui répondrons : « Allah est capable de les ressusciter dans leurs tombeaux alors que leurs âmes se trouvent dans une partie de leurs corps, ce qui permet à tout leur corps de jouir et de ressentir une félicité à cause de cette partie où se trouve l'âme, tout comme le corps entier du vivant ici-bas ressent la fraîcheur ou la chaleur lorsqu'elle se trouve dans une partie de son corps ».

Il a été dit aussi que le sens de l'expression « leurs corps ne s'usent pas dans leurs tombes » veut dire que leurs membres ne se dispersent pas. Ils sont comme des êtres vivants dans leurs tombes. Abû Hiyyân a dit dans son exégèse au sujet de ce verset : « Les gens ont divergé au sujet de cette vie.

Certains ont dit que cela signifie la survie de leurs âmes dans la mesure où nous voyons l'usure et la corruption des corps. Pour d'autres, le martyr est vivant par son corps et son âme, et le fait que nous ne pouvons voir cela ne remet pas en cause cette réalité. Nous les voyons, certes, à l'état de morts, alors qu'ils sont vivants comme dit le Très Haut :

«Tu vois les montagnes en croyant qu'elles sont immobiles, alors qu'elles évoluent à l'image des nuages »

C'est aussi comme on voit celui qui dort dans un état d'inconscience alors qu'il voit dans ses rêves ce qui le fait jouir ou souffrir. C'est pour cela qu'Allah dit : « Au contraire ils sont vivants, mais vous en êtes inconscients. » (Sourate 2 V154).

Il a attiré l'attention des croyants, à travers ce verset, sur le fait qu'ils ne peuvent pas connaître la réalité de cette vie par la vision ou la sensation. C'est cela qui distingue le martyr d'autrui. S'il s'agissait de la seule vie de l'âme, il n'aurait pas joui de cette distinction en raison de l'association de tous les morts dans cette vie. En outre, les croyants auraient connu la vie de toutes les âmes. Qui plus est, ce verset : « mais vous en êtes inconscients ». Certes, Dieu peut dévoiler cela à certains de ses awliyas qui peuvent voir cela.

Essuhayli rapporte un récit dans « Les preuves de la prophétie », d'après un compagnon du Prophète qui raconte avoir creusé un trou pour une tombe et voilà qu'une fenêtre s'ouvrit à lui et il vit un homme assis sur un canapé, tenant un Coran qu'il lisait. Devant lui se trouvait un jardin de verdure. Cela se passait à Ohod. Il sut alors qu'il s'agissait d'un martyr car il vit une blessure sur son visage. Abû Hiyyân rapporté aussi ce récit dans son exégèse.

Ce récit ressemble aussi à celui qui a été raconté par El-Yafi'i dans « Rawdh Es salihine » d'après un homme pieux qui a raconté ceci : « J'ai creusé un jour une tombe pour un dévot et je l'ai enterré.
Tandis que je nivelais la tombe, une brique de la tombe qui lui était mitoyenne tomba. J'y ai jeté un coup d'œil et j'y ai vu un vieillard assis dans sa tombe, portant des habits blancs neufs. Il y avait sur ses genoux un Coran en or avec des caractères en or dans lequel il lisait. Il leva ses yeux vers moi et me dit :

« La résurrection a-t-elle sonné ? qu'Allah t'accorde Sa miséricorde ! »

« Non » lui répondis-je.

« Remets donc la brique à sa place ! Daigne Allah te préserver ! » me dit-il, je l'ai remise à sa place ».

Le cheikh 'Abdelghaffâr rapporte dans son livre « le Tawhid » ceci :

« Le cadi Bahâ Eddine le fils d'Essâhib Charaf Eddine El-Ghâthiri m'a raconté que le cheikh Amîne Eddine Gibril est mort alors qu'ils se trouvaient sur le chemin du Caire. Une fois arrivés devant la porte du Caire, et comme on interdisait de faire entrer les morts dans la ville, le cheikh leva sa main et ses doigts et nous pûmes y entrer ».

Il a rapporté aussi qu'un homme ayant voulu pratiquer la turpitude avec un jeune garçon dans un cimetière d'El-Qa râfa, le jeune garçon lui a dit :

« Non par Allah, je ne désobéirai pas à Allah dans un tel lieu ! Un jour, j'ai fait cela dans un cimetière et une tombe s'est ouverte et le mort a crié :

« N'avez-vous pas honte devant Allah ? »

Dans la « Rissâla » d'El-Quchayrî, il est rapporté que : J'étais à La Mecque cheikh Abî Sa'id El-Kherrâz a dit :

« Lorsque j'ai vu devant la porte des Banû Chaïba un jeune homme mort. Quand je l'ai regardé, il m'a souri et dit : Abâ Sa'id, ne sais-tu pas que les vivants sont toujours vivants même lorsqu'ils meurent ? Seulement, ils sont transportés d'une demeure vers une autre ».

Dans la « Rissâla » aussi, il est rapporté que le cheikh Abu Ali Errudhbâri avait enterré un soufi. Après lui avoir dévoilé le visage pour invoquer en sa faveur, l'homme ouvrit les yeux et lui dit :

« Ô Abû 'Alî, ne m'adule pas devant Celui qui va m'aduler ! »

« Ô maître, lui dit Abû 'Alî , est-ce la vie après la mort ? »

« Mais je suis toujours vivant ! Tout amoureux d'Allah est vivant. Je viendrai à ton aide demain ! »

Il est rapporté également qu'Abû Ya'qub Essoûsi a dit : « Un aspirant est venu me voir alors que j'étais à La Mecque et m'a dit :

« Ô professeur, demain je vais mourir à l'heure de la prière du midi. Prends ce dinar avec la moitié duquel tu fais creuser ma tombe, et tu achètes mon linceul avec l'autre moitié ».

Le lendemain, à l'heure de la prière du midi, l'aspirant arriva et fit ses circumambulations puis s'en éloigna et rendit l'âme. Lorsque je l'ai mis dans sa tombe, il a ouvert les yeux, ce que voyant je lui ai dit :

« Est-ce la vie après la mort ? » « Je suis un amoureux, me dit-il, et chaque amoureux d'Allah est vivant ! »

Dans le livre « Kifayat El-Mu'taqid h El-Yafi'i rapporte qu'un homme vertueux avait l'habitude d'aller devant la tombe de son père et de s'entretenir avec lui ».

Il est de notoriété que le grand juriste saint Ahmed Ibn Mûsâ Ibn 'Ajil a été entendu par un des juristes vertueux faisant partie ses lecteurs, en train de réciter la sourate « Ennoûr » dans sa tombe. »[54] Fin de citation.

Il y a énormément de récits qui ressemblent ou qui sont dans la même longueur d'onde, je ne vais pas encore en rajouter mais pour terminer l'écriture de ce chapitre, je mettrai une très belle histoire miraculeuse rapporté toujours dans le même livre de l'imam Suyuti intitulé La mort et la vie tombale qui vient de L'Imam Ibn al Jawzi.

---

[54] Voir la mort et la vie tombale, p 193 à 208

Histoire miraculeuse sur la résurrection des martyrs accompagnés d'Anges par Ibn Al Jawzi

Ibn al Jawzi raconte dans « Ouyoûne El-Hikâyât », que 'Abû ' Alî Eddharîr (le premier a avoir habité Tartoûs après qu'Abû Moslim l'eût bâtie) a dit :

« 3 frères de Syrie sont partis en expédition. Les trois étaient des cavaliers courageux. Comme ils furent faits prisonniers par les romains, le roi leur dit :

« Je vous lèguerai le pouvoir et vous donnerai mes filles en mariage à condition que vous embrassiez ma religion chrétienne ».

Ils refusèrent et s'écrièrent :

« Ô Mohamed ! » Aussi, le roi se fit apporter trois marmites qu'il remplit d'huile puis fit chauffer l'huile pendant trois jours. Ensuite, il fit amener chaque jour les trois frères et les menaça de les brûler s'ils n'embrassaient pas le christianisme. Il jeta donc le plus âgé dans une marmite, puis le deuxième, avant d'arriver au troisième. Il était sur le point de le jeter dans la troisième marmite, lorsqu'un notable de sa cour se leva et lui dit :

« Ô roi, laisse-moi m'occuper de lui et je le détournerai de sa religion ! »

« Avec quoi ? » lui dit le roi. Il répondit :

« Je sais que les Arabes sont très tentés par les femmes. Or, il n'y a pas parmi tous les romains, une fille plus belle que la mienne. Permets-moi de le mettre avec ma fille et elle saura le séduire ! »

Il lui donna un délai de 40 jours et lui livra le jeune homme. Le notable emmena le jeune homme et le laissa avec sa fille après avoir mis au courant celle-ci de ses intentions. Elle lui dit donc :

« Laisse-le avec moi et je l'amènerai à embrasser notre religion ».

Il resta avec elle, jeûnant le jour et veillant en prière la nuit. Il continua ainsi jusqu'à ce que le délai expire. Le notable finit par dire à sa fille :

« Qu'as-tu fais ? »

« Rien, lui répondit-elle, cet homme a perdu ses frères dans ce pays et je crains qu'il ne résiste à ma séduction à cause d'eux. Demande au roi un autre délai et autorise-moi à partir avec lui dans une autre région ».

Le roi lui donna un autre délai et ils partirent vers un village situé dans une autre région. Il resta là, pendant quelques jours, jeûnant la journée et veillant en prière la nuit, jusqu'à ce qu'il ne resta que quelques jours pour que le délai arrive à sa fin.

La fille dit alors au jeune homme : « Ô toi, je vois que tu adores un Dieu Tout Puissant ! Je me convertis à ta religion et j'abandonne la religion de mes ancêtres ! »

« Comment pouvons-nous nous enfuir ? » lui dit-il.

« Je m'occupe de cela » dit-elle. Elle se fit apporter une monture et ils l'enfourchèrent en marchant le jour et en se cachant la nuit. Tandis qu'ils marchaient une nuit, ils entendirent le bruit de sabots de montures. Et voilà qu'il se trouva face à face avec ses frères, accompagnés d'Anges envoyés vers lui. Il les salua et leur demanda comment, une fois morts, avaient-ils été ressuscités ?

« Dès la première immersion que tu as vue, nous nous sommes retrouvés dans le Firdaws. Allah nous a envoyés à toi pour te marier avec cette fille ». Ils la marièrent donc et repartirent. Le jeune homme partit en direction de la Syrie où il s'installa avec son épouse. Ils devinrent célèbres en Syrie à cette époque-là. Des poètes ont célébré leur épopée en ces termes :

« Les sincères obtiendront, grâce à leur sincérité, le salut ici-bas et après la mort ! »[55]

Avez-vous remarqué quelque chose après avoir lu l'histoire rapporté par le grand Imam et ascète Ibn al Jawzi al Hanbali ?

Il y a 3 méditations à retenir :

1) Ce récit ressemble beaucoup à l'histoire du Prophète Yussef aleyhi salam lorsque la femme du roi d'Égypte voulu le séduire afin de le faire tomber dans la fornication. Le Prophète était éprouvé par cette épreuve et refusa catégoriquement.

---

[55] La mort et la vie tombale, p 206-208

Résultat : Il s'est retrouvé en prison pendant de nombreuses années alors qu'il était innocent. Il a beaucoup patienté et a placé sa confiance entièrement en Allah puis Allah lui a accordé des grands miracles avec l'interprétation des rêves qui l'a fait délivrer de prison, il est devenu le gouverneur du pays afin de s'occuper des affaires du pays sous l'autorité.

2) L'homme pieux a préféré accomplir beaucoup de prière et à jeûner pendant longtemps afin de ne pas tomber dans la tentation de la fornication à cause de la jeune femme qui le séduisait dans la chambre.

Cela fait penser aux hadiths du Prophète Mohamed aleyhi salat wassalam qui dit aux jeunes hommes et femmes musulmans lorsqu'on a trop de pulsions et que l'on craint de tomber dans la fornication, et que l'on n'a pas encore les moyens de se marier, il faut jeûner.

Et qu'est-ce que l'homme pieux a reçu au final ? La chrétienne s'est convertie et ils se sont mariés !

3) L'homme pieux retrouva ses frères qui ont été ressuscités par Allah accompagné des Anges longtemps après leurs morts.

Et le Prophète par la suite a retrouvé ses frères pendant de longues années après.

Chapitre 4 : Les Prophètes, les awliyas et les martyrs sont vivants dans leurs tombes et peuvent interagir sur terre.

Par L'imam Ahmed Illish célèbre commentateur du Mukhtassar de Khalil (m. 1299 H)

Cette fatwa a été traduite par Hicham al Maliki al Hassan dans son livre : « L'illumination des ténèbres : Sur la possibilité de voir le prophète et les Anges, p 97-112, édition Bilingue Héritage Mohammadien »

Le maître, juriste, imam, érudit, vérificateur, gnostique, Muhammad b. Ahmad al-Māliki al-Ash'ari al-Shadhili a dit : Quel est votre propos concernant les Prophètes, sur eux la prière et la paix, et les martyrs : sont-ils vivants dans leur tombe, peuvent manger, boire, prier, jeûner, faire le pèlerinage, se marier ; cela de la manière comment cela survenait pour eux dans le monde d'ici-bas ? Et quelle est la sagesse derrière cela ? Et en est-il de même pour les saints (awliyas) ? Nous espérons une réponse.

J'ai alors répondu par ce qui suit : la louange est à Allah, que la prière et le salut soient sur notre maître Muḥammad, le Messager d'Allah. Effectivement, ils sont bien vivants dans leur tombe, mangent, boivent, prient, jeûnent et effectuent le pèlerinage. Néanmoins, cela ne survient pas dans la modalité dans laquelle ils l'effectuaient dans le monde d'ici-bas ; cela s'opère plutôt d'une manière qu'Allah connaît. Il nous incombe d'ailleurs de ne pas digresser dessus puisqu'il n'y a pas de moyen d'atteindre le savoir certain à ce sujet si ce n'est à travers le hadith et aucun hadith n'a été rapporté sur cela qui explicitera ce qui est voulu (par cette vie). Il en est de même pour les saints.

L'érudit 'Abd al-Salām al-Laqqānī a dit dans son commentaire de la « Jawharat » de son père lorsque ce dernier a dit : « Le martyr de guerre est décrit par la vie » : « c'est-à-dire : croyez obligatoirement que l'entité (haykal) du martyr de guerre est caractérisée complète en raison de Sa Parole : Ne pense pas que ceux qui ont été tués dans le sentier d'Allah, soient morts. Au contraire, ils sont vivants auprès de leur Seigneur [S.3 / V.169] .

[Notes : Haykal renvoie à l'esprit (ruh) et au corps (jism) en même temps.

Complète c'est-à-dire la complétude sensorielle comme le fait de savoir, entendre, de voir. Ces éléments se rattachent simultanément à l'esprit et au corps.]

Et leur vie est une véritable vie en raison du sens apparent du verset et ils reçoivent ce qu'ils désirent en termes de subsistance à l'instar des vivants qui reçoivent la subsistance par la nourriture, la boisson, les habits et autres.

Al-Jazūlī a dit : leur vie n'est pas descriptible et imaginable pour les humains. Cependant, il nous est obligatoire d'y croire suivant ce qui est parvenu de manière apparente dans la Législation. Il nous incombe d'ailleurs de ne pas digresser dessus puisqu'il n'y a pas de moyen d'atteindre le savoir certain à ce sujet si ce n'est à travers le hadith et aucun hadith n'a été rapporté sur cela qui explicitera ce qui est voulu (par cette vie).

La vie est une modalité qui implique la sensorialité, le mouvement, la volonté ou bien qui rend valable pour celui qui la détient la possibilité de percevoir. Notre propos « l'entité est caractérisée » reflète le sens apparent du poème [commenté] puisqu'il décrit l'essence et en même temps l'esprit.

Ce qui est entendu par « martyr de guerre » est le croyant qui a été tué lors du combat contre les mécréants en raison d'une des raisons possibles de mort dans l'optique de faire triompher la parole d'Allah, exalté soit-il, sans que ce ne soit le fruit d'une cause entraînant un péché. Il en est de même pour toute personne tuée sur la vérité comme le blessé dans la guerre contre les rebelles, contre les bandits, lors de l'établissement de l'ordre par le convenable et de la condamnation du blâmable.

Quant à celui qui est tué dans le combat contre les mécréants faire triompher la parole d'Allah, exalté soit-il, mais en ayant une cause le motivant impliquant un péché comme celui qui vole le butin de guerre, il aura alors le statut de martyr dans le monde d'ici-bas, mais il n'aura pas la récompense complète.

Quant à ceux qui sont morts à cause de maladies du ventre (mabṭūn) ou de la peste (mat ün) et semblable font partie des martyrs de l'au-delà seulement. Ils sont donc semblables aux premiers dans la récompense, mais ils seront en dessous d'eux en termes de degrés en ce qui concerne la vie, la subsistance, mais aussi des règles juridiques d'ici-bas puisqu'ils seront lavés et qu'on priera sur eux.

Il apparaît donc qu'il y a trois types de martyrs : le martyr du monde d'ici-bas et de l'au-delà, celui d'ici-bas seulement et celui de l'au-delà seulement. Et cette troisième catégorie est exclue dans la parole de l'auteur : « le martyr de combat est caractérisé par la vie » qui englobe donc les deux premières catégories. Et la motivation due au butin ou bien la survenance d'une désobéissance n'empêche pas l'obtention du martyr.

Et on l'appelle 'martyr (litt : contemplateur) puisqu'il est vivant et que son esprit contemple la demeure du salut c'est-à-dire qui y est rentrée contrairement à autrui puisque l'esprit d'autrui ne le contemple pas sauf le Jour de la Résurrection puisque Allah et Ses Anges témoignent pour lui du Paradis . » Fin de citation [du commentaire de la Jawharat].

En annotation, l'érudit al-Amir a dit concernant sa parole « l'entité (haykal) » : c'est un individu composé d'un esprit et d'un corps comme le dira le commentateur.

Sa parole « [la vie] complète » : le sens de sa complétude est entièrement relié à l'esprit et au corps selon ce qu'Allah, exalté soit-Il, sait comme il le dira.

Sa parole : « et vêtements » selon un aspect qui est caché que le Maître, Béni et Exalté soit-Il, connaît. En somme, ce sujet nécessite de se mettre dans une position de soumission et de délégation envers Allah.

Sa parole : « Il en est de même pour toute personne tuée... » selon le sens apparent du texte, notre Maître l'a restreint à ceux tués dans les deux types de guerres.

Sa parole : « englobe les deux premières catégories » contredit ce qui précède en termes de restriction à la première catégorie. Ce qui est en accord avec les textes est ce qui précède. » Fin de citation (des annotations d'Al Amir)

Il a dit [comme rapporté] dans « al-Ibrīz » concernant la septième partie de la prophétie : « Il vit la vie des gens du Paradis. Cela consiste en ce que l'essence du Messager est abreuvée de par ce par quoi les essences des gens du Paradis sont abreuvées après qu'ils y soient entrés. Les essences des Messagers sont semblables à celles des gens du Paradis au sein du Paradis. En effet, la demeure de l'au-delà est constituée de deux demeures : La demeure de l'Extinction (fanā) et il y a dedans deux catégories : une qui est lumineuse (nūrānī) et une autre ténébreuse (zulmāni).

La seconde est la demeure de la Permanence (baqā') et il y a dedans aussi deux catégories : une qui est lumineuse qui est le Paradis et une autre qui est ténébreuse qui est l'enfer. Si le voile (hijāb) est levé, chaque catégorie de la demeure de la Permanence abreuvera la catégorie qui lui correspond dans la demeure de l'Extinction. Ainsi, le lumineux abreuvera le lumineux et le ténébreux abreuvera le ténébreux. Mais l'effet de la levée du voile est variable. Dans le cas des messagers, cela survient au préalable et cela survient pour eux dans cette demeure. Ils sont au-dessus de tout ce qui est lumineux dans cette demeure. De plus, leur essence reçoit l'assistance spirituelle (istimdad) depuis le lumineux de la demeure de la Permanence qui n'est autre que le Paradis.

Quant au reste de la création, la levée du voile ne surviendra que le jour de la Résurrection. En ce jour, ils recevront l'assistance spirituelle et ainsi, ceux qui feront partie des gens de la Foi recevront l'assistance spirituelle parmi les lumières du Paradis et ceux qui font partie des gens de l'Injustice recevront l'assistance du feu de l'Enfer, qu'Allah, exalté soit-Il, nous en préserve. En somme, l'assistance spirituelle (istimdad) dépend de la levée du voile, et il a été retiré pour eux [les Prophètes] dans ce monde ici-bas et est donc vivant comme les vivants du Paradis. » Fin de citation.

Si tel est leur état lorsqu'ils sont dans ce monde d'ici-bas, alors que dire après leur mort après leur transition vers l'Accompagnant Ultime (rafīq al-a lā). Il a dit [comme rapporté] dans « al-Ibrīz » :

« Quand le Shaykh est mort, qu'Allah l'agrée, j'ai pris la responsabilité de visiter sa tombe fréquemment. Il se tient devant moi dans un rêve et me dit : Certainement mon essence n'est pas restreinte à la tombe, plutôt elle est dans tout l'univers, le remplissant et l'occupant. Qu'importe l'endroit où tu me chercheras, tu me trouveras même si tu allais à un pilier d'une mosquée et que tu faisais la demande par entremise par mon biais auprès d'Allah. Ensuite, il indiqua l'univers tout entier et dit : Je suis dans tout son intérieur. Partout où tu me chercheras, tu me trouveras. Mais prends garde à croire que je suis ton Seigneur, car certes ton Seigneur n'est pas confiné dans l'espace tandis que moi je le suis.» Fin de citation.

Il a dit dans « al-Ibrīz » : « Il a dit : sont présents, c'est-à-dire au Diwān, certains (saints) parfaits parmi les morts qui sont inclus dans les rangées avec les vivants. On peut les distinguer de trois manières : la première, leur apparence ne change pas contrairement à l'apparence des vivants. Un vivant peut parfois se raser, changer d'habit, etc...

Quant aux morts, leurs états ne changent pas donc si tu vois un homme au Diwān dont l'apparence ne s'altère pas, sache donc qu'il fait partie des morts. Si tu le vois rasé et que ses cheveux ne poussent pas, sache qu'il est mort dans cet état particulier. De la même manière si tu vois des cheveux sur sa tête dans un état particulier et qu'ils ne poussent pas ne diminuent pas et ne se font pas rasés, sache qu'il fait partie des morts et qu'il est mort dans cet état.

Deuxièmement, ils ne sont pas consultés pour les affaires des vivants, car ils n'ont pas de gestion sur celles-ci. Ils ont été transportés dans un autre monde très éloigné du monde des vivants. Cependant, ils sont consultés dans les affaires qui concernent les morts.

Troisièmement, l'essence du mort n'a pas d'ombre donc si le mort est entre toi et le soleil, tu ne verras pas d'ombre projetée sur lui. Le secret dans cela est qu'il est présent par l'essence de son âme et non par son essence terrestre. L'essence de l'esprit est légère et non lourde, transparente et non opaque. »

Il a dit : « Les morts présents au Diwān y descendent en provenance du monde intermédiaire (barzakh). Ils volent par le vol de l'esprit. De cette manière, lorsqu'ils sont à une certaine distance (non loin de l'endroit du Diwān), ils descendent sur la terre et marchent avec leurs jambes jusqu'à atteindre le Diwān par politesse envers les vivants et par peur d'eux.» Il a dit : « À certaines occasions, le Prophète, que la prière et le salut d'Allah soient sur lui, est présent. »

Il a dit : « Durant la Nuit du Destin (laylah al-qadr), les Prophètes, les Messagers et les Anges rapprochés (muqarrabūn), prières et salut d'Allah sur eux tous, sont présents durant celui-ci (le Diwān) ainsi que le Maître de l'existence, ses femmes pures et ses plus grands compagnons, qu'Allah, exalté soit-II, les agrée tous. »

Le Shaykh 'Abd al-Salām a dit [comme mentionné] dans « Hidāyah al-Murīd» : « Certains ont dit qu'il est possible qu'Allah, exalté soit-II, fasse revivre une partie des martyrs et qu'Il fasse profiter par le biais de nourriture ou de boisson. D'autres ont dit que la vie ne concernait que l'esprit et non le corps. »

L'érudit, le connaissant en Allah al-Jazūlī a dit : « la vie des martyrs est une vie indescriptible et inimaginable pour les humains. Cependant, il nous est obligatoire d'y croire suivant ce qui est parvenu de manière apparente dans la Législation. Il nous incombe d'ailleurs de ne pas digresser dessus puisqu'il n'y a pas de moyen d'atteindre le savoir certain à ce sujet si ce n'est à travers le ḥadīth et aucun ḥadīth n'a été rapporté sur cela qui expliciterait ce qui est voulu (par cette vie]. » Fin de citation

Similairement, le Shaykh de l'Islām Zakariyya (al-Anṣāri) a dit en marge d'al-Baydāwi que la majorité des exégètes étaient d'opinion que la vie des martyrs n'était pas par le corps. Ibn 'Adil a dit : « Il se peut que leur vie soit par le corps même si l'on ne perçoit pas le corps comme étant vivant. En effet, la vie de l'esprit est établie pour tous les morts et ceci par consensus. Ainsi donc, si le martyr n'était point vivant sauf par celle-ci, ils auraient été équivalents eux et les autres. » Fin de citation

Certains savants contemporains ont dit que cela représentait l'essence de l'avis soutenu par al-Jazuli. Puis il a dit : Abū Mansur al Baghdadi a dit que les théologiens vérificateurs parmi nos compagnons que notre Prophète est vivant après sa mort et qu'il est satisfait des adorations de sa communauté, et que les Prophètes ne décomposent donc pas.

Je crois d'ailleurs que les perceptions (idrākāt) comme le savoir, l'ouïe sont établies pour tous les morts, que l'empêchement de revenir à la vie (présente) pour les morts dans sa tombe s'effectue par le fait qu'il est soit satisfait dans sa tombe ou châtié, et que ces deux évènements sont conditionnés par la vie.

Mais celle-ci ne s'arrête pas l'aspect physique. Quant aux preuves de la vie des Prophètes, cela implique qu'elle est effective également par l'aspect physique et de la capacité de gestion dans le monde tout en étant indépendante des éléments mondains.

De là, Abū al-Hasan al-Ash'ari, qu'Allah, exalté soit-il, l'agrée, a dit que le Prophète conserve le statut de Messager même après sa mort. Le statut émis sur une chose tient lieu fondamentalement de cette chose : il est donc le Messager d'Allah même maintenant. Ne vois-tu pas que la période de viduité ('iddah) indique ce qu'il y avait comme règles relatives au mariage ? Et Allah sait mieux. »

(Fath al Ali al Malik fi al fatwa al madhab al imam Malik)

Annexe 1 : Voir le Prophète a l'état d'éveil par Ibn Ajiba

« Le plus beau signe de guidance que le Cheikh Ahmad a reçu est celui de voir le Prophète en état de veille comme le prouvent ses paroles : « Louange à Dieu, Seigneur des mondes ! Quant à voir le Prophète lorsqu'on est en état de veille, c'est une chose qui m'est arrivée maintes fois, où je suis resté assis en sa présence par la grâce de Dieu qui, seul, connaît les choses cachées. » (Fahrasa p 104)

Assurément, la possibilité de voir le Prophète de cette manière est confirmée par les maîtres spirituels qui se sont élevés du monde des corps ('klam al-'ashbâh) vers le monde des esprits (Salam al-'arwah) comme l'explique.

Mais Ibn 'Ajîba distingue entre la vision de la personne physique du Prophète et la connaissance de son état intérieur qui varie selon la gnose et l'orientation intérieure :

« C'est ainsi que les saints fermement établis dans leur station spirituelle possèdent, à des degrés divers, la connaissance de l'intérieur du Prophète. Il en est parmi ceux qui connaissent certains aspects de l'intime de son être ; d'autres connaissent son esprit ; d'autres son cœur ; d'autres encore connaissent son intelligence et d'autres enfin connaissent son âme. Les saints fermement établis dans la réalisation spirituelle connaissent l'intime de son être tel qu'il se manifeste en toutes choses. C'est pourquoi, ils le perçoivent à chaque instant. Ceux dont les états sont encore changeants, connaissent son esprit et le contemplent la majeure partie du temps. Les disciples qui cheminent dans la voie connaissent son coeur, ils obtiennent par-là la certitude parfaite et il leur arrive de le voir. Quant aux gens voilés parmi le commun des hommes de piété, ils connaissent son intelligence ou son âme : ils peuvent voir en rêve ou en état de veille la personne physique du Prophète, en fonction de leur amour pour lui... Certes Dieu est plus savant.»[56]

---

[56] Les enseignements spirituels du Prophète, vol 2 p 86-87, T. Chouiref

Annexe 2 : Les visions du prophète à l'état d'éveil

Al Darqawi a dit : « Par Dieu, mes frères, jamais je n'aurais pensé qu'il fût possible à un homme de science de rejeter l'idée que l'on puisse voir le Prophète à l'état de veille (yaqaza), avant d'avoir rencontré, un jour, un groupe de savants à la Mosquée Qarawiyyîn. Ils me dirent : Comment est-il possible de le voir alors qu'il est mort depuis plus de 1200 ans ? On ne peut le voir qu'en rêve ! D'ailleurs, lui-même a dit : « Qui m'a vu en rêve, m'a vu réellement, car Satan ne peut prendre mon apparence.

« Je leur répondis alors : « Assurément, seul peut le voir à l'état de veille celui qui fut élevé par sa spiritualité du monde des corps vers le monde des esprits. Là, il le verra nécessairement. Il verra, de même, tous ceux qu'il a aimés en Dieu. C'est indubitable. Comme je parlais de le voir dans le monde des esprits, ils se tuent et ne m'opposèrent aucun argument. Mais après moment, ils m'interrogent :

« Explique-nous cela ! »

Je leur dis : « Dites-moi vous-mêmes où se situe le monde des esprits par rapport au monde des corps ? » Ils ne surent que répondre. Je poursuivis donc : « Où sont le monde des corps et le monde des esprits ? Où sont le monde de la souillure et le monde de la pureté ? Où sont le monde du royaume et le monde de la royauté ? Où sont le monde inférieur et le monde supérieur ?

Où sont tous ces mondes ? Certains ont même dit que

216

Les mondes sont au nombre de 18 000, et chacun de ces mondes est comme notre monde. C'est ce que l'on trouve par exemple dans la Hilyat al Awliya de Abu Nuaym al Isfahani. Et tous ces mondes sont contenus dans l'être humain sans qu'on ait conscience, à l'exception de ceux que Dieu sanctifie, les individus revêtant leurs attributs des Siens et leurs qualités des Siennes. Or, le Très-Haut a toujours sanctifié de nombreux serviteurs - Dieu soit satisfait d'eux ! Et Continuera à le faire jusqu'à l'extinction des hommes. »

Je dirais pour ma part qu'il n'y a rien d'étonnant à ce qu'un homme se conformant fidèlement à la tradition du Prophète - grâce et salut lui soient accordés ! et se parant de ses vertus puisse voir celui-ci. Un tel homme ne peut être déçu par ses attentes et ne peut en être privé. Le bien qui l'accompagne est permanent. Tel est notre confession, et nous la professerons jusqu'au jour de la rencontre avec notre Seigneur. Seul est privé du bien l'homme se détournant de la tradition prophétique à l'avantage d'une déviance, échangeant les vertus mohammadiennes contre un vil caractère, et s'abandonnant aux désirs au point de ne plus faire la différence entre les bonnes actions et mauvaises. Quant à l'homme s'affranchissant de tout cela et suivant le meilleur des chemins, le bien l'accompagne en permanence. Comment ne l'accompagnerait-il pas, alors qu'il suit les ordres de son Seigneur. Non et encore non, par Dieu ! Il ne fait aucun doute que seuls les gens de spiritualité peuvent prétendre à voir le Prophète à l'état d'éveil qu'ils rompent avec leurs habitudes égotiques et renoncent à tout attacher. Ce faisant, les enseignements spirituels affluent vers eux. En revanche, les gens se complaisent dans le monde sensible ne seraient y prétendre : ils ne sauront en nourrir l'espoir. Parce-que nous appelons espoir doit être accompagné d'œuvres concourant à sa réalisation. Sans quoi il ne s'agit que de vains souhaits. Comment pourrait-il prétendre cela alors que le monde sensible en est à l'opposé et que les opposés ne peuvent être réunis ? Plus le sensible se renforce, plus le spirituel s'affaiblit et inversement. Or par Allah le sensible s'est aujourd'hui si bien accaparé des gens que ceux-ci ne se préoccupent plus que de lui, qu'ils ne parlent plus que de lui, et qu'ils ne s'affairent que pour lui. Qu'Allah nous en préserve, seuls de rares personnes s'en affranchissent. Allah est garant de ce que nous disons.

Comment un homme si pleinement absorber par le monde sensible pourrait-il bénéficier des enseignements spirituels, alors que ceux-ci ne sont accordés qu'aux hommes qui s'en libèrent et qui n'en attendent plus rien ? Lorsque l'aspirant se dérobe à ce monde, et n'y convoitent plus rien, les enseignements spirituels affluent vers lui fatalement comme ce fut le cas pour de nombreuses personnes. Ils le transportent d'un monde à un autre, et poursuivent le voyage avec lui. Il ne s'arrête pas pour le conduire jusqu'aux deux augustes Présences celle de la seigneurie et celle de la prophétie. Assurément, la vision en question est l'apanage des fidèles s'étant départis de leurs travers et s'étant purifiés de toutes leurs souillures.

Ô stupeur ! Comment peut-on nier, considérer comme improbable, ou même s'étonner de la vision du Prophète éveillé, alors que de nombreux awliyas l'ont vu de cette manière, aussi distinctement qu'un soleil sur un étendard.

Si quelqu'un veut encore savoir s'il est possible de voir le Prophète à l'état de veille, ou s'il n'est possible de le voir qu'en rêve, qu'il consulte les ouvrages des maîtres de la voie comme comme ceux de l'imam Al-Rassâ, l'imam Abû Nu'aym Al-Isfahânî, l'imam Al Suyuti, et bien d'autres encore ! Il constatera que les awliyas peuvent voir le Prophète à l'état de veille de manière parfaitement claire, et qu'ils peuvent voir également les awliyas, les Anges ! Le très insigne saint, Jalâl Al-Din Al Suyuti a dit dans son ouvrage Tanwîr al-halak fi imkân ru'yat al-nabî wa-l-malak. »

Ensuite, il rapporta quelques récits de la fatwa de Suyuti qui prouve que certaines personnes peuvent voir le Prophète aleyhi salat wassalam à l'état d'éveil.

Enfin, il cita la liste d'ouvrage traitant des visions à l'état d'éveil sur le Prophète :

De nombreux savants de référence ont été rédigés sur le sujet. En voici des exemples :

-Al-isti lâm' ala ru'yat al-nabi fi al-manâm, Al-Qalqashandi

-Al-i lâm fi ruyat al-nabi fi al-manám, 'Abd Allah Al-Bistâmî

- Tanwir al-halak fi jawaz ruyat al-nabî wa al-malak, Al-Suyûtî

-Bughyat dhawi al-ahlam bi-akhbâr man furrija karbahu bi - ru'yat al-mustafà fi-l-manâm, Al-Imâm Al-Halabî

- Tuhfa al-talib al-mustahâm fi ru'yat al-nabî ' alayhi al-salât wa-l-salâm, Al-Atghânî

- Tuhfat al-nazir wa nuzhat al-munâzir, Muhammad Ibn 'Ali Al-Zawâwî

Tanbih al-ghabi fi ru'ya al-nabi, Yusuf Al-Khalwati

- Haqaiq barakat al-nanâm fi mura'î al-mustafa khayr al-anâm, Al-Judhâmî

- Hür al-khiyam fi ru'yat khayr al-anam fi-l-yaqaza wa   al manâm, Al-Hanbali Zâdih

- Durar al-tanwir fimâ yata allaqu bi-ru'ya al-bashir al nadhir, Muhammad Ibn Sâlim Al - Hafnâwî

- Al-sirr al-badî ' fi ru'yat qurrat al-'uyûn, Al-Bistâmî

-Durrat al-nuqqad fi ruyat al-nabî layhi al-salâm fi khayâl al-ruqqâd, Al-Bistâmî

- Manâhil al-shifà fi ru'yat al-mustafa, Ahmad Al-Halabî

Hidayat al-mustahâm al-mushtaq ilâ ruyat al-nabî ' alayhi al-salât wa-l-salâm, ' Alî Al-Marsusî

- Ithaf ûlî Al-safa bi-l-khisâl al-mûjiba liru'yat al-mustafa , Sulaymân Al-Ahdal

Tabligh al-marâm fi bayân haqiqa ru'yatihi ' alayhi al-salât wa-l-salâm fi al-yaqaza wa-l manâm, Shams Al-Din Al-Hanafi. »[57]

---

[57] Lettres d'al Darqawi Al Arabi p74-77

Sommaire :

Printed in Great Britain
by Amazon